Entre e as Paixões e a Plenitude da Alma

Matheus Bacila

Entre e as Paixões e a Plenitude da Alma

O olhar da psicologia tomista sobre o ser humano e a felicidade

2025

ALTA BOOKS
GRUPO EDITORIAL

Entre as paixões e a plenitude da alma

Contra o Vento é uma empresa do Grupo Editorial Alta Books (STARLIN ALTA EDITORA E CONSULTORIA LTDA).

ISBN:

Impresso no Brasil — 1ª Edição, 2025 — Edição revisada conforme o Acordo Ortográfico da Língua Portuguesa de 2009.

Dados Internacionais de Catalogação na Publicação (CIP)

Bacila, Matheus
Entre as paixões e a plenitude da alma: o olhar da psicologia tomista sobre o ser humano e a felicidade. São Paulo. 2025. Altabooks.

ISBN
1.Tomás de Aquino 2. Psicologia 3. Felicidade
I. Título

CDD 18a edição

Produção Editorial: Grupo Editorial Alta Books
Diretor Editorial: Anderson Vieira
Editor da Obra: Eduardo de Proença
Vendas Governamentais: Cristiane Mutüs
Gerência Comercial: Claudio Lima
Gerência Marketing: Andréa Guatiello

Produtor Editorial: Eduardo de Proença
Copidesque: Alessandra Oliveira de Proença **Revisão:** Cláudia R. Montico
Diagramação: Luana Volcano
Capa: Victória Cristina Eduardo

ALTA BOOKS
GRUPO EDITORIAL

Rua Viúva Cláudio, 291 — Bairro Industrial do Jacaré
CEP: 20.970-031 — Rio de Janeiro (RJ)
Tels.: (21) 3278-8069 / 3278-8419
www.altabooks.com.br — altabooks@altabooks.com.br
Ouvidoria: ouvidoria@altabooks.com.br

Editora
afiliada à:

A minha esposa Ana Carolina,
e a minha filha Maria Beatriz,
reflexos do amor de Deus na minha vida.

AGRADECIMENTOS

A Deus, supremo Criador e fundamento de toda a verdade, por todo o amor e misericórdia imerecidos e, sobretudo, por Sua infinita luz a clarear-me a inteligência em todos os momentos e sem a qual nada seria possível.

A Ana Carolina, esposa amorosa e paciente, amparo incessante de todos os momentos, e principal e contínua incentivadora deste projeto, sem cuja compreensão e fiel dedicação minha trajetória jamais teria sido exitosa.

Ao meu avô, Metry Bacila (*in memoriam*), Professor Emérito da Universidade Federal do Paraná, onde a dissertação que deu origem a esta obra foi defendida, por seu exemplo e ensinamentos infindáveis, calcados na sabedoria própria do verdadeiro Mestre que foi e sempre será.

Aos meus familiares e amigos que, de algum modo, participaram deste trabalho, compartilhando do entusiasmo pelo tema e contribuindo para a consecução do projeto.

Ao meu orientador, Prof. Dr. Lúcio Souza Lobo, pela confiança e a contínua generosidade em incontáveis horas de orientações e conselhos cujo resultado tem sido um aprendizado incalculável.

Ao Deividi Pansera, por sua generosa colaboração, ao longo desta obra, para a estruturação do tema e a superação de diferentes questionamentos.

Aos membros da banca examinadora da defesa de minha dissertação, nas pessoas do Prof. Dr. Bernardo Guadalupe dos Santos Lins Brandão e Prof. Dr. Daniel Corteline Scherer, pelas valiosas contribuições e pelo estímulo para que ela se transformasse em livro.

Por fim, a Maria Santíssima, por sua materna proteção e incessante intercessão junto a Deus, e a Santo Tomás de Aquino, por plenamente expressar, em sua vida de santidade, o modelo daquilo que é o cerne deste trabalho: *a busca incansável pela verdade*.

Sumário

PREFÁCIO **13**
INTRODUÇÃO **17**
A PSICOLOGIA MODERNA NOS DIAS DE HOJE 17
ORIGENS FILOSÓFICAS DA PSICOLOGIA MODERNA 19
NIETZSCHE E SUA INFLUÊNCIA NA MORAL 27
FUNDAMENTOS METAFÍSICOS DA PSICOLOGIA CLÁSSICA 30
O QUE É A PSICOLOGIA, AFINAL? 36

Capítulo 1

AS BASES DE UMA PSICOLOGIA TOMISTA **43**
1.1 OS DIFERENTES TIPOS DE ALMA E A ALMA HUMANA ... 43
1.2 A COGNIÇÃO SENSÍVEL 47
1.3 O APETITE SENSITIVO NO SER HUMANO 53
1.4 AS PAIXÕES DA ALMA 56
1.4.1 Paixões do apetite concupiscível 60
1.4.2 Paixões do apetite irascível 70
1.4.3 As paixões principais 75
1.5 A IMPORTÂNCIIA DAS PAIXÕES DA ALMA PARA A PSICOLOGIA 76

Capítulo 2

INTELIGÊNCIA E VONTADE:
O CENTRO DA PERSONALIDADE **81**
2.1 O INTELECTO 85
2.1.1 A inteligência como operação própria 87
2.1.2 Os universais 89
2.1.3 O processo de intelecção 90
2.2 O APETITE INTELECTIVO 93
2.3 O IMPÉRIO DA RAZÃO E DA VONTADE 96

Capítulo 3

VIDA VIRTUOSA: A PLENITUDE DA ALMA HUMANA **101**
3.1 A FINALIDADE DO SER HUMANO 106
3.1.1 O papel do intelecto 107

3.1.2 O papel da vontade ... 110
3.1.3 Múltiplos meios para um único fim ... 113
3.2 OS PRIMEIROS PRINCÍPIOS ... 118
3.3 O CARÁTER ... 123
3.4 VIRTUDES: O FLORESCIMENTO DA PERSONALIDADE ... 134
3.4.1 As virtudes intelectuais ... 140
3.4.2 As virtudes morais ... 143
3.5 A EDUCAÇÃO DA VONTADE ... 149
3.5.1 Como desenvolver as virtudes humanas? ... 149
3.5.2 O papel da Graça na disposição da vontade ... 157
3.5.3 As virtudes teologais e a plenitude por meio da Graça ... 161

CONCLUSÕES ... 175

REFERÊNCIAS ... 179

"Para a felicidade perfeita é necessário o intelecto atingir a essência mesma da causa primeira. E, assim, terá a sua perfeição pela *união com Deus* como o objeto em que *só consiste a beatitude do homem*".

Santo Tomás de Aquino, ST I-II, q. 4, a. 8

"Mesmo que eu tivesse o dom da profecia e conhecesse todos os mistérios e toda a ciência; mesmo que tivesse toda a fé, a ponto de transportar montanhas, *se não tiver caridade, não sou nada*".

1ª Epístola de São Paulo aos Coríntios 13,2

Abreviaturas

Ét. Nic	*Ética a Nicômaco*
Com. Ét. Nic	*Comentários a Ética a Nicômaco*
QDA	*Questões Disputadas sobre a Alma*
QDV	*Questões Disputadas sobre a Verdade*
QDVi	*Questões Disputadas sobre a Virtude*
ST	*Suma Teológica*

PREFÁCIO

A PSICOLOGIA TOMISTA AVANÇA NO BRASIL.

RAFAEL DE ABREU

Quando eu estava no quinto período da faculdade de Psicologia, estava decidido a abandonar o curso. O que me levava a querer desistir era o fato de que as escolas psicológicas às quais eu tinha acesso até aquele momento me pareciam limitadas, insuficientes e filosoficamente pobres, quando não excessivamente enviesadas ideologicamente. No mesmo período em que pensava em deixar a faculdade, fui apresentado, por intermédio de um padre e através do grande tomista brasileiro Sidney Silveira, a Santo Tomás de Aquino. E não como um autor apenas teológico e filosófico, mas como alguém cujos escritos possuíam uma profundidade psicológica tanto teórica quanto prática. Isso aconteceu há mais de dez anos.

Lembro-me também de que, naquela época, estudar psicologia tomista era algo extremamente solitário. Não porque não houvesse outras pessoas estudando, fossem estudantes de psicologia ou profissionais, apesar de ser um número muito baixo há mais de dez anos. Mas a maioria das pessoas não demonstrava o mínimo interesse ou entusiasmo, nem mesmo os católicos, para entender como funcionava esse pensamento psicológico. E aqueles que estudavam, por algum motivo, não tinham uma certa conexão ou proximidade. Por isso, tudo isso era muito solitário. Apesar dessa realidade, eu sabia que ali existia um verdadeiro tesouro e segui em frente, estudando com o professor Sidney Silveira.

Com o passar dos anos, a Psicologia Tomista foi ganhando cada vez mais espaço no Brasil e surgiram pessoas interessadas em estudá-la e propagá-la, reconhecendo sua importância para os dias de hoje. A obra de Matheus Bacila é um desses frutos que mostram que não estamos mais sozinhos ao falar de Psicologia Tomista.

Sua obra é uma contribuição significativa para o campo da Psicologia e para o resgate de uma perspectiva tomista em meio às diversas abordagens contemporâneas de psicologia. O autor realiza uma análise da obra de Santo Tomás e oferece ao leitor uma síntese das ideias que podem compor uma base sólida para uma psicologia de cunho metafísico e integral. É necessário, portanto, resgatar os princípios fundamentais da antropologia tomista e aplicá-los ao contexto da psicologia contemporânea, propondo, assim, uma ponte entre o pensamento escolástico, mais especificamente de Santo Tomás, e as necessidades contemporâneas de compreensão do ser humano.

Santo Tomás, em suas obras, tratou com profundidade de temas como as potências da alma, as paixões, o papel do intelecto e da vontade na formação de um caráter virtuoso e ordenado, entre outros. A psicologia contemporânea, em algum grau, também se debruçou e se debruça sobre alguns desses assuntos, embora nem sempre com assertividade e clareza. O que quero dizer é que esses temas não são necessariamente estranhos para a psicologia moderna, apesar de muitas vezes parecerem extremamente incomuns para muitos profissionais atuais aceitarem que exista uma psicologia tomista. A obra que o leitor tem em mãos sistematiza essas ideias, apresentando uma proposta coesa que reflete a estrutura da alma em seus aspectos dinâmicos e proporciona um entendimento integral do ser humano.

Atualmente, existe um grande fenômeno entre os profissionais de psicologia e na área de humanas: a necessidade de buscar uma visão verdadeira do ser humano. Essa busca tem um único objetivo, que é ajudar, de forma autêntica, aqueles que procuram auxílio. Vivemos em um mundo em que os estudos psicológicos estão frequentemente caracterizados pelo empirismo e pelo materialismo. Muitas vezes, a psicologia que a maioria dos profissionais se dedica a estudar e compreender foca apenas no que é visível aos olhos, desaguando muitas vezes em um certo cientificismo perigoso.

Nesse contexto, a busca por uma visão mais completa do ser humano encontra seu descanso no conhecimento da psicologia de Santo Tomás de Aquino, pois ela oferece uma compreensão mais profunda e integral da natureza humana. Esta obra é um verdadeiro convite ao leitor que deseja entender como se estrutura essa psicologia baseada no pensamento de Santo Tomás de Aquino e que busca ajudar quem o procura a alcançar uma vida mais ordenada.

Santo Tomás tem uma relevância histórica no campo do pensamento humano, e Matheus Bacila não teme apontar para esse grande homem e mostrar o quanto essa psicologia é profunda e rica, bem como o quanto esse pensamento psicológico está preparado para responder às inquietações e crises profundas do homem contemporâneo. Em outras palavras, estudar Santo Tomás é estar diante de um antídoto para o caos ao nosso redor.

Dessa forma, este livro se torna um recurso valioso para os estudos sobre o pensamento do Aquinate aplicado à psicologia e para aqueles que buscam um fundamento mais sólido para sua prática psicoterapêutica.

Para mim, é uma grande honra ver mais um fruto sobre psicologia tomista nascer no Brasil. Desejo que este livro seja um instrumento pelo qual, cada vez mais, profissionais de psicologia queiram se aprofundar no pensamento de Santo Tomás, para enriquecer sua profissão e compreender de forma mais profunda o ser humano, ajudando, assim, tantos homens e mulheres de nosso tempo que buscam a felicidade, o sentido, a verdade e tantas outras coisas essenciais para uma vida realmente saudável.

Rafael de Abreu é graduado em Psicologia (2014), com especialização em Pensamiento Tomista pela Universidad de Ufasta, Argentina. Além disso, é pós-graduado em Psicologia Clínica e atualmente está cursando o mestrado em Estudios Humanísticos y Sociales pela Universidad Abat Oliba, em Barcelona, Espanha. Membro fundador da SITA (Sociedade Internacional Tomás de Aquino), seção Brasil, ele também é professor, cofundador e presidente do Instituto de Psicologia Tomista no Brasil. Rafael é autor de dois livros: "Introdução à Psicoterapia Tomista" (2023) e "Práticas em Psicoterapia Tomista, Volume 1" (2024). Com mais de uma década de experiência clínica, ele divulga seu trabalho gratuitamente por meio de diversos canais na internet, como YouTube, Instagram e uma newsletter.
@psi.rafaeldeabreu

Introdução

A psicologia moderna nos dias de hoje

O estudo da psicologia nos dias de hoje, desde suas formas mais teóricas até aquilo que é praticado nos consultórios dos profissionais da área de saúde mental, restringe-se, em geral, ao que tem sido transmitido pelas diferentes correntes da psicologia contemporânea desde o seu advento nos séculos XVIII e XIX. Desde então, os trabalhos de intelectuais como Christan Wolff e William James, para de início citar alguns, ensejaram a visão corrente de que tal ciência, até mesmo para que possa se qualificar como uma ciência, deve ser constituída como uma área do conhecimento eminentemente experimental[1 2].

---

1 As afirmações acerca das características e possíveis dificuldades encontradas nas escolas de psicologia contemporâneas, e contidas nesta introdução, como as inicialmente descritas acima, tomam como referência, dentre diferentes estudiosos, os trabalhos realizados pelo Dr. Martín Echavarría, importante referencial teórico para a compreensão da psicologia contemporânea e sua contraposição à psicologia clássica, especialmente as suas análises contidas em seu *magnum opus*, fruto de sua tese de doutoramento, *A Práxis da Psicologia e seus níveis epistemológicos segundo Santo Tomás de Aquino* (2021).

2 Com isso, deixamos claro que não estamos a confrontar indivíduos particulares que sejam vinculados a determinadas escolas contemporâneas, mas sim, o arcabouço teórico-filosófico dessas escolas em si mesmo. Como afirma o próprio M. Echavarría, "não queremos acusar todo psicólogo que se declara partidário de alguma dessas escolas ou correntes de possuir ideias ou atitudes como as que assinalamos de passagem. No contexto atual, as pessoas fazem o que podem e se formam como podem. Nem todos possuem formação para fazer discernimentos filosóficos ou teológicos que lhes permitam entender as ideologias subjacentes a muitas dessas práticas. Os que são boas pessoas entendem

Nesse sentido, vimos, no século XX, o despontar de diferentes correntes psicológicas como a psicanálise, a psicologia cognitivo-comportamental, o behaviorismo, o humanismo e outras formas de psicologias analíticas, comportamentais e existenciais, que dão o tom atual das abordagens psicoterapêuticas no âmbito clínico. Todas, com algumas exceções e em maior ou menor medida, partem do pressuposto estabelecido por autores do século XVIII de que não se pode afirmar nada a respeito de um ente além daquilo que se vê, ou seja, o conhecimento verdadeiro apenas se forma a partir do que a experiência sensorial pode me informar, um entendimento que evidentemente não nasceu pronto, mas que foi ganhando forma ao longo de todo o período em questão e que será melhor apresentado mais adiante.

O fato é que, como consequência disso, elementos como tristeza, alegria e ódio, por exemplo, passam a ser vistos meramente como manifestações fenomênicas, alterações conhecidas sensorialmente pela experiência do profissional e reconduzidas[3], no ser humano – ou no paciente -, para que se adquira um certo bem estar pessoal ou para que se possa obter alguma mudança utilitária de vida, de modo a se sentir menos ansioso ou menos deprimido e a superar, assim, dificuldades circunstanciais particulares, como medos irracionais ou conflitos de relacionamento.

---

tudo em um sentido distinto e utilizam todo o bem que podem. Mas esta não é nem a situação ideal, nem o bom ponto de partida para progredir no conhecimento verdadeiro e para transmitir um saber e uma práxis proporcionadas à dignidade da pessoa humana" (ECHAVARRÍA, 2021, p. 106).

3 Reorientadas, tratadas.

Tal enfoque não é, por si só, ruim: pelo contrário, trata-se de compreensões extremamente relevantes, baseadas no esforço em se mapear circuitos e mecanismos psicológicos concretos que, quando bem tratados caso se encontrem disfuncionais, podem restaurar aspectos úteis da saúde mental de um indivíduo. Sem dúvida alguma, as diferentes formas de se entender a psique humana desenvolvidas no último século têm sido, cada uma a seu modo, eficazes para o aprimoramento geral do conhecimento e o tratamento das alterações comportamentais do homem.

Contudo, em que pese tais contribuições devam ser, sim, reconhecidas, a exclusividade com que essas escolas psicológicas vêm tomando conta de todo esse ramo do conhecimento humano há pelo menos cem anos é, a nosso ver, digna de atenção e de certa preocupação. Isso porque a mudança do eixo filosófico que sustenta as correntes de psicologia na contemporaneidade, com o surgimento do paradigma do conhecimento unicamente pela experiência sensorial, como já citado, foi responsável por dar esquecimento à antiga e mais ampla compreensão metafísica da estrutura da realidade e, por conseguinte, do próprio ser humano, justamente a tradição filosófica que fundamentara a ciência psicológica da antiguidade aos tempos modernos, tanto em aspectos teoréticos como práticos.

Não cabe ao presente estudo, é claro, pormenorizar excessivamente o que sabemos a respeito dessa transição na história do pensamento filosófico. Contudo, faz-se necessário minimamente contextualizá-la para que se possa entender os pressupostos sobre os quais posteriormente se edificará a tese que aqui se apresenta.

Origens filosóficas da psicologia moderna

Desde a filosofia grega, passando pela era da Patrística e da Escolástica, até meados do século XVI e XVII, o pensamento filosófico ocidental foi em boa parte conduzido pelas ideias de proeminentes pensadores da tradição que paulatinamente se estabeleceu a partir da relação entre a filosofia grega e o pensamento cristão, inicialmente com Platão e Agostinho e, posteriormente, com Aristóteles e Santo Tomás de Aquino. A essa cosmovisão geral, que também foi sendo progressivamente absorvida pela teologia cristã, uma vez que diversos elementos do pensamento de Aristóteles, por exemplo, foram incorporados e aprimorados pelo Doutor Angélico[4] e estes, por sua vez, incorporados no desenvolvimento da teologia e da doutrina da Igreja Católica, soma-se, certamente, a contribuição determinante de outros inúmeros filósofos desses períodos clássicos do pensamento. Particularmente, esse processo de incorporação das ideias do Filósofo[5] na obra de Santo Tomás, no século XIII, engendrou o que se convencionou chamar de "tradição aristotélico- tomista"[6]. Importante salientar que foi com a predominância e a difusão dessa mentalidade filosófica, ao longo dos séculos, que diferentes aspectos da sociedade ocidental foram moldados, tendo-

---

4 A partir de agora, convencionaremos chamar, em alguns momentos, Santo Tomás de Aquino por duas de suas conhecidas alcunhas: *Doutor Angélico*, como é conhecido por ter sido grande estudioso da natureza dos anjos, e *Aquinate*.

5 Nome com o qual Santo Tomás designa Aristóteles na *Suma Teológica*.

6 Nomenclatura amplamente utilizada para designar a tradição da filosofia perene que vai de Aristóteles a Santo Tomás, tendo sido esses dois seus principais pensadores.

lhe servido, assim, como os fundamentos com os quais, posteriormente, a modernidade e a contemporaneidade entraram em confronto.

Considerando que toda transformação no pensamento humano sempre parte de causas anteriores e que, dessa maneira, tornar-se-ia muito árdua a tentativa de traçar a mudança que apontamos no parágrafo anterior até suas primeiras e mais remotas origens, podemos estabelecer como o seu mais importante marco o advento do Iluminismo, no século XVIII. A respeito disso, Echavarría (2021, p. 52) afirma que o movimento iluminista reconstruiu a história da modernidade ao predispor uma espécie de epopeia da razão e da liberdade humanas, que se libertariam do jugo de uma regra exterior, até então estabelecida sobretudo pela Igreja.

Como aquilo que foi visto como "imposição" de uma doutrina religiosa guarda, como próprio fundamento, diversos elementos de origem filosófica e teológica milenares, tal empreendimento tratou de "reconstruir, partindo do zero, o conjunto do saber humano, com independência em relação à tradição científica anterior (especialmente aristotélica), à Revelação e a toda hipótese "metafísica", considerados como coisa gratuita e fantasiosa" (ECHAVARRÍA, 2021, p. 53).

Essa "hipótese metafísica" que teria sido rechaçada pela Ilustração havia sido melhor desenvolvida ao longo dos séculos justamente pela já apresentada *tradição aristotélico-tomista*, que, entre outras coisas, postulava a necessidade ontológica de um único Deus ("motor imóvel", como afirmava Aristóteles[7]), defendia conceitos

7 RAFAEL, 2005, p. 1.

como ato e potência e a existência de quatro diferentes tipos de causas a todo ente. A tudo isso e especialmente à chamada "causa final" do ser humano se relaciona indissociavelmente, como se verá ao longo deste estudo, toda a psicologia de Santo Tomás de Aquino. Como vemos, para essa tradição, não se pode ter nenhum tipo de compreensão verdadeiramente profunda da psicologia sem que essa compreensão tenha uma fundamentação metafísica, uma vez que a metafísica é a ciência que estuda a própria natureza do ser.

Porém, como essa ciência, ao examinar a estrutura mais íntima daquilo que *é*, se vale de um grau de abstração muito grande, advogando como necessariamente verdadeiros elementos puramente imateriais, como substância, ato, forma, etc., a filosofia iluminista, revestida da já dita compreensão moderna sobre a "experiência", tratou de condená-la, supostamente superando-a ao deixar para trás uma compreensão meramente "gratuita e fantasiosa"[8]. Como explica Echavarría:

> Sobre isso, vale ressaltar que *teórico* ou *especulativo* não se opõe, para Aristóteles e Santo Tomás, a *experimental*, mas a *prático*, e não se identifica com *racional* no sentido de a *priori*. Ademais, as ciências teóricas e as práticas fundam-

8 Ao falarmos em imaterialidade, devemos pensar nos graus de abstração das ciências, como proposto por Gardeil (2013, v. 2, p. 195), que afirma que o primeiro grau de abstração possui o ser e a razão na matéria, que é o caso da Física; o segundo grau de abstração possui o ser na matéria e a razão abstraída da matéria, como a Matemática – isto é, o ser de um triângulo está no objeto, mas podemos entende-lo sem a necessidade do ente; por fim, o terceiro grau de abstração é tal em que ser e razão são totalmente abstraídos da matéria, como é a Metafísica, justamente a ciência que, por isso, estuda entes imateriais, o mesmo tipo de consideração rechaçada pelo Iluminismo.

> se na experiência, ainda que se trate de uma experiência mais ampla e completa que o "experimento" positivista (ECHAVARRÍA, 2021, p. 60).

De qualquer maneira, como decorrência dessa ruptura, a compreensão tradicional da psicologia também se viu comprometida. De um entendimento fundamentalmente metafísico e ético, ela passou a ser ditada cada vez mais exclusivamente pela orientação da pura "experiência".

> A psicologia da Ilustração será, portanto, uma tentativa de reelaborar o saber acerca do homem e acerca de seu "dever ser", sob o guiamento da razão científica autônoma, com rechaço de todo dado sobrenatural, inclusive metafísico, tidos como demência ou fanatismo, ou, no melhor dos casos, reinterpretando-os como *mitos* que encerram uma verdade puramente natural, útil para a instrução do vulgo (ECHAVARRÍA, 2021, p. 54).

Echavarría (2021, p. 58), em razão disso, afirma que o empirismo- positivismo, dentro desse espírito, eliminou os dados provenientes da metafísica e da religião, dedicando-se a uma nova ciência da alma ou do comportamento humano baseada unicamente na experiência sensível, entendida, portanto, como única forma de conhecimento científico.

O primeiro autor a tratar explicitamente da inevitável submissão da ciência psicológica a essa nova visão foi Christian Wolff, filósofo alemão do final do século XVII e início do século XVIII. Diferentemente de Aristóteles e Santo Tomás, para quem, como já visto, razão e experiência não estão separadas, mas, ao contrário, se inserem conjuntamente no mesmo processo do *ato de conhecer*, uma vez que toda intelecção só é possível a partir da experiência inicial dos sentidos, Wolff distingue uma forma de conhecimento *a priori*, a racional, e outra *a posteriori*, a empírica, mesmo que entre elas Wolff ainda buscasse uma integração.

Com isso, o filósofo alemão é o primeiro a anunciar uma distinção entre as ditas *psicologia racional* e *psicologia empírica*, a primeira sendo "a ciência daquelas coisas que, por intermédio da alma humana, são possíveis" (WOLFF, 1994 apud ECHAVARRÍA, 2021, p. 61) e a segunda como "a ciência que estabelece princípios pela experiência, dando-se razão das coisas que se fazem na alma humana" (WOLFF, 1968 apud ECHAVARRÍA, 2021, p. 62).

> Visto que na psicologia empírica se estabelecem, pela experiência, as coisas que sobre a alma humana se ensinam, por ela fazemos experiência do que conhecemos quando atentos às nossas percepções (WOLFF, 1968 apud ECHAVARRÍA 2021, p. 62).

Echavarría (2021, p. 61) comenta que essa separação, ausente no pensamento clássico, passaria a demarcar a divisão da psicologia em dois ramos de investigação distintos e até contrapostos, sem muito contato um com o outro, mesmo que Wolff os quisesse unidos. O fato é que, com isso, a redução da psicologia contemporânea a uma ciência de cunho estritamente experimental tornava-se questão de tempo. Ainda no século XVIII, outro muito conhecido filósofo alemão contribuiu para que isso ocorresse. Immanuel Kant, para quem, "a alma, como espírito, não pode ser objeto de ciência, pois ultrapassa os limites da razão pura" (ECHAVARRÍA, 2021, p. 63), baseou-se nessa distinção anterior, entre racionalismo e empirismo, e foi ainda mais além, afirmando que a ciência da psicologia não pode ser outra coisa senão "o conhecimento do homem limitado apenas à condição de conhecer-se a si mesmo como objeto do sentido interno" (KANT, 1942 apud ECHAVARRÍA, 2021, p. 64).

> Surgiria uma psicologia empírica, que seria uma espécie de *fisiologia* do sentido interno, e poderia, talvez, servir para explicar os fenômenos do sentido interno, mas não poderia nunca ser utilizada para desvelar propriedades que não pertencem de fato à experiência possível, nem para ensinar *apodicticamente* nada que pertença à natureza dos entes pensantes em geral (KANT apud ECHAVARRÍA, 2021. P 64).

Isto é, esta "antropologia fisiológica", como Kant a chamava, serviria apenas para o entendimento apropriado daquilo que está dentro dos limites da experiência sensível, mas mesmo a isto se imporia uma limitação ainda maior, pois, para o filósofo de Kögnigsberg, a compreensão precisa da psique humana se dá apenas no âmbito do próprio sentido interno, de si mesmo, não se podendo afirmar nada a respeito dos "entes pensantes em geral" que não seja uma simples conjectura.

Antes da psicologia experimental ser formalmente estabelecida, J.F. Herbart, no início do século XIX, ajudou a alicerçar as bases da psicologia contemporânea ao fundamentá-la em bases matemáticas. Echavarría (2021, p. 68) afirma que Herbart contribuiu, entre outras coisas, para a defesa da psicologia como ciência formalizável matematicamente e com a primeira concepção dinâmica dos processos psicológicos. Tendo esse caminho já sido pavimentado pelo triunfo, na filosofia, da concepção epistemológica de cunho empirista, em detrimento da metafísica clássica, é em meados do século XIX que a psicologia experimental encontra a sua efetiva fundação, atribuída ao médico alemão, Wilhelm Wundt. Wundt formou-se em Medicina mas logo largou a prática médica para se dedicar exclusivamente à pesquisa científica, inicialmente no campo da fisiologia experimental, que serviu como base para os posteriores estudos na área da psicologia. Influenciado por seus mestres, Wundt tinha como objetivo criar uma psicologia que utilizasse o método experimental das ciências naturais e que alcançasse o estatuto de cientificidade estabelecido na época pelo modelo positivista (ARAÚJO, 2010; BLUMENTHAL, 1998 apud LEONARDI, 2011, p.2).

Leonardi (2011, p. 5) afirma que, para Wundt, o objeto de estudo da psicologia seria a *experiência consciente imediata*, observando como um sujeito apreende sensações e sentimentos (conteúdos mentais básicos da experiência imediata). O método para essa observação seria a percepção interna, "a análise que a mente faz dela própria para observar e relatar seus conteúdos, devendo ser realizada em condições controladas de laboratório para que possa produzir, repetir ou alterar os fenômenos mentais" (LEONARDI, 2011, p. 7). Danziger (1980 apud Leonardi, 2011, p. 7) aponta que, nos diversos volumes do periódico que publicava as pesquisas do laboratório de Wundt, a maioria dos estudos é sobre medidas objetivas de processos sensoriais e perceptuais básicos (que se limitavam a processos básicos por ser o que a experiência consciente imediata poderia apresentar).

Contemporâneo de Wundt, outro pensador que teve enorme influência no desenvolvimento da psicologia experimental foi o médico norte-americano William James, considerado o pai da psicologia experimental nos Estados Unidos e, por alguns, o primeiro psicólogo daquele país. Como grande parte dos estudos em psicologia nos séculos XX e XXI provém de lá, a importância que James possui na evolução da psicologia mundial não pode ser subestimada. James, apesar de posteriormente em seus trabalhos vir a adotar uma posição contrária à experimentação, teve uma influência determinante na transição da tradicional psicologia filosófica dos séculos anteriores para a psicologia mais empírica, laboratorial, que dominaria os anos seguintes. Isso se deu, em primeiro lugar, porque, do conteúdo da sua principal obra, *Princípios de Psicologia*, vinte por cento dos escritos se referem a achados experimentais, um volume de dados muito maior do que aquilo que os trabalhos em psicologia estavam acostumados a mostrar até então.

> Mais importante, contudo, o *Princípios* de James está repleto de uma psicologia positivista, um termo que o próprio James usava para descrever o seu livro. Talvez o aspecto mais significativo desse positivismo para muitos dos leitores do *Princípios* foi a sua posição antimetafísica. Assim, um psicólogo americano passou a poder entender a mente através de processos naturais e não através de manifestações da alma. (EVANS, 1990, P. 443).

Com isso, a rejeição da metafísica clássica deixou de ser exclusividade do pensamento filosófico propriamente dito e se alastrou, enfim, para o campo da psicologia, que, assim, deixou de ser uma extensão da filosofia, como sempre fora compreendia, para tornar-se uma ciência autônoma, em certa medida entendida como ciência natural, como apontava James, calcada em princípios majoritariamente experimentais, frutos do empirismo-positivismo que se opunha à mais abrangente visão aristotélico-tomista, para a qual a realidade não se resumiria unicamente às experiências obtidas pelos sentidos e à sua sistematização matemática.

Nietzsche e sua influência na moral

Por fim, somando-se ao projeto, demonstrado até aqui, do esquecimento da metafísica clássica na psicologia, engendrado por Wolff, Kant e outros autores, foi fundamental o papel que Friedrich Nietzsche, filósofo alemão do século XIX, desempenhou para consolidá-lo. Isso porque, se o empreendimento filosófico daqueles primeiros pensadores girou em torno exclusivamente da metafísica e da epistemologia, o trabalho deste último atacou diretamente o *cerne* que sempre motivou a psicologia clássica: a *moral*. O pensamento de Nietzsche foi marcado por um profundo confronto com a filosofia grega e o cristianismo, que ele considerava como organismos de poder que, pelo uso da moral, aprisionavam a verdadeira liberdade do ser humano. Por acreditar que a verdade não existiria na realidade, afirmando, ao contrário, que "as verdades são ilusões das quais se esqueceu que o são" (NIETZSCHE, 1996 apud

ECHAVARRIA, 2021, p. 74), ele nutria grande desprezo, por exemplo, por Platão, a quem atribuía a maior responsabilidade pelo que considerava a decadência da civilização.

> Seria preciso colocar a verdade de pernas para o ar, renegar a perspectiva, a condição fundamental da vida, para falar do espírito do bem como o faz Platão; antes, como médico, poder-se-ia perguntar "por que uma tal moléstia no produto mais belo da Antigüidade, em Platão? Seria então verdadeiro que Sócrates o tivesse corrompido? Seria Sócrates efetivamente o corruptor da juventude? Mereceu, na verdade, a sua cicuta?" Porém a luta contra Platão, ou para dizê-lo de modo mais inteligível e popular, a luta contra a milenar opressão clerical cristã — uma vez que o Cristianismo é um Platonismo para o povo — produziu, na Europa, uma maravilhosa tensão dos espíritos até então nunca vista na terra; com o arco vergado de tal forma pode- se visar o alvo mais longínquo (NIETZSCHE, 2001, p.8).

Além disso, Nietzsche já reduzia a importância de Platão dentro da própria Grécia:

> Esse pensamento desrespeitoso, de que os grandes sábios são *tipos da decadência*, ocorreu-me primeiramente num caso em que o preconceito dos doutos e indoutos se opõe a ele do modo mais intenso: eu percebi Sócrates e Platão como *sintomas de declínio*[9], como instrumentos da dissolução grega, como pseudogregos, antigregos (NIETZSCHE, 2006, p. 15).

Para Echavarría (2005, p. 127; 2021, p. 76), o resultado do combate travado por Nietzsche contra a

9 Grifo nosso.

moral clássica ("platônico-cristã", como ele dizia) não seria adotar uma moral distinta ou antiga mas, ao contrário, "levar a contradição e a tensão até suas últimas consequências, em um período "extra- moral", "além do bem e do mal"". Ou seja, elaborar uma moral "amoral", niilista, que se traduzisse, enfim, por uma "transvaloração"[10]: os valores do passado são substituídos por valores relativizados, sem relação com o bem ou o mal como conhecidos até então. É a criação do *superhomem*, que viveria acima da moral constituída, permitindo-se agir conforme seus próprios impulsos e desejos. Não é preciso dizer, dessa maneira, que esse pensamento foi de extrema influência no desenvolvimento da psicanálise freudiana e das teorias psicológicas subsequentes:

> Esta concepção, na qual a moral é "posta no divã", analisada e curada de si mesma, passa, no fundamental, à psicanálise de Freud e, deste, a quase todos os psicólogos posteriores, marcando profundamente as características de sua práxis. O psicólogo seria alguém que ajuda a um indivíduo esgotado e enfermo pela moral vigente na cultura ocidental a libertar-se e a superá-la, transformando-se num indivíduo "excepcional", ou, ao menos, a relativizá-la e vivê-la como uma ficção necessária, mas nem sempre vinculante. (ECHAVARRÍA, 2021, p. 78).

O que vemos, então, é que, como aponta Echavarría, o projeto filosófico nietzscheano ajudou a solapar não só a ética clássica, como a própria ideia de se haver *qualquer ética*. E somando isso, portanto, à ruptura

10 "Embora isso não tenha sido suficientemente sublinhado, a influência do pensamento "transvalorizador" de Nietzsche sobre a psicanálise e a psicologia profunda foi sumamente profunda" (ECHAVARRÍA, 2005, p. 113).

que já vinha ocorrendo com a metafísica clássica, sobre a qual comentamos anteriormente, termina-se por enterrar, de vez, a psicologia tradicional, de base aristotélica e tomista, que se pautava, por um lado, sobre a ideia de uma metafísica que, diferentemente do que Kant propunha, pudesse dar acesso a uma dimensão imaterial da realidade - o que, em última instância, levaria até a existência de Deus - e, por outro, sobre a consequência óbvia dessa compreensão: uma ética objetiva, oriunda da relação entre o ser humano e sua finalidade inquestionável (e verdadeiramente entendida apenas a partir de sua fundamentação metafísica).

Assim, a psicologia torna-se, na era contemporânea, uma ciência autônoma, de caráter estritamente empírico-positivista, e, em muitos casos, um agente de desorientação moral[11]. Ela passa a abordar, no processo terapêutico, nada mais do que aquilo que os sentidos são capazes de captar e, na melhor das hipóteses, a desconsiderar qualquer tipo de enfoque moral para os problemas do paciente, mesmo que suas queixas se originem justamente de problemas como, por exemplo, egoísmo, inveja e luxúria. Como conclui Echavarría (2021, p. 78), para a psicologia de Freud e Jung, para citar alguns, é preciso perder totalmente a esperança em um sentido para esta vida alheio ao próprio viver[12].

---

11 "Se a psicanálise de Freud se apresenta em última análise como uma tentativa de *superação nietzscheana da moral*, essas psicologias [as correntes humanistas e existenciais] parecem tentativas de propor uma *nova forma* de ética, experimental ou clínica" (ECHAVARRÍA, 2008, p. 88).

12 Edith Stein chamava essa psicologia decorrente do século XVII – e sobretudo a do século XX –como uma "psicologia sem alma" (STEIN apud ECHAVARRÍA, 2008, p. 87).

Fundamentos metafísicos da psicologia clássica

Entendendo que a psicologia na contemporaneidade, apesar de sua utilidade geral, como deve ser admitido, perdeu a essência que a definiu por séculos, é necessário agora, antes de efetivamente iniciarmos o nosso estudo em Santo Tomás de Aquino, mostrar em que consistia essa essência perdida. Inicialmente, é importante lembrar que, antes de uma psicologia, assim como antes de qualquer ciência, existe uma ciência superior, de elevado grau abstrativo, como dito anteriormente, chamada *metafísica*. É a metafísica que fundamenta e orienta as demais ciências, por ser a que estuda diretamente o *ente enquanto ente*, independentemente de sua origem, local ou quaisquer outras especificidades desse ente. Com a psicologia não é diferente, pois, como veremos, foi o conhecimento metafísico que sempre a direcionou.

Portanto, antes de adentrarmos especificamente no funcionamento da ciência psicológica, devemos realçar certos conceitos da metafísica clássica que, justamente, a embasam. Um desses conceitos é o da *causalidade* como examinado por Aristóteles, estudo presente na sua *Física* e, como reproduzimos abaixo, no capítulo primeiro da *Metafísica*:

> Portanto, é preciso adquirir a ciência das causas primeiras. Com efeito, dizemos conhecer algo quando pensamos conhecer a causa primeira. Ora, as causas são entendidas em quatro diferentes sentidos. 1) Num primeiro sentido, dizemos que causa é a substância e a essência. De fato, o porquê das coisas se reduz, em última análise, à forma e o primeiro porquê é, justamente, uma causa e um princípio; 2) num segundo sentido, dizemos que causa é a matéria e o substrato; 3) num terceiro sentido, dizemos

> que causa é o princípio do movimento; 4) num quarto sentido, dizemos que causa é o oposto do último sentido, ou seja, é o fim e o bem: de fato, este é o fim da geração e de todo movimento (983a).

Destarte, Aristóteles revela sua famosa teoria das quatro causas. Segundo o que o Estagirita afirma, todos os entes da realidade são necessariamente originados a partir de quatro causas diferentes, sendo elas: a) a causa material, isto é, a própria matéria ou substrato do ente; b) a causa formal, que é a forma que *determina* a matéria na substância, relacionada com a essência, que diz *o que o ente é*; c) a causa eficiente, que é princípio de movimento para o ente; e d) a causa final, o fim do ente, o bem para onde ele aponta, ou seja, a sua *finalidade*.

Para a psicologia, enfim, uma dessas causas é particularmente importante. Referimo-nos à *causa final*, da finalidade dos entes. Como a psicologia, por definição, estuda a alma do ser humo (*psykhé* significando alma em grego), trata-se aqui da finalidade do próprio ser humano, uma vez que a alma, como se verá, é o que determina a matéria corporal que, juntamente com ela, constitui a unidade da pessoa humana. Ou seja, ao cuidar de outro indivíduo, para onde devo direcioná-lo? A qual bem ele se destina? O que devo estimular e influir nesse paciente para que ele possa atingir o seu fim? Essas são as perguntas que sempre nortearam a psicologia clássica desde que esse "estudo da alma" foi formalmente iniciado pelo mesmo Aristóteles em sua obra *De Anima*, ou *Sobre a Alma*, e posteriormente incorporado e aprimorado pela filosofia cristã.

Assim, temos um primeiro desenho do que é a psicologia: é a ciência, de natureza filosófica, que observa os movimentos da alma humana e a direciona para a sua finalidade, que lhe é inerente. E qual finalidade seria essa? Para Aristóteles, trata-se da felicidade, ou *eudaimonia*, o estado de bem-estar originado de uma vida virtuosa. Para Santo Tomás, já dentro da escolástica cristã, tratar-se-á da bem-aventurança, isto é, a *visão beatífica de Deus*, entendida, aqui, como a própria felicidade, correspondente, também, a uma vida virtuosa.

> Com efeito, o tema do fim, não somente de cada ação e comportamento humanos, mas também de todo o conjunto da vida, é um dos mais importantes – seguramente o principal – para compreender a conduta de um homem, e, no entanto, é um dos mais esquecidos pela psicologia contemporânea (ECHAVARRÍA, 2021, p. 113).

A finalidade pode ser encarada, portanto, como uma motivação, sem a qual a própria vida se torna impossível, pois é inerente ao ser humano que lhe venha desejos e impulsos, além da própria necessidade de condutas e posicionamentos. Sem a compreensão de um fim último, como um bem a ser alcançado e que lhe dê um molde de perfeição final, não há como viver. Todos temos um fim e é por isso que "nossa própria personalidade fica como que definida a partir daquilo que queremos como fim último" (ECHAVARRÍA, 2021, p. 117).

Aristóteles aborda o tema da finalidade em sua *Ética a Nicômaco*. Para o Filósofo, toda arte e toda ciência, assim como cada ação e cada escolha parecem ter como objetivo algum bem, sendo o bem entendido como aquilo que todos procuram. Na mesma sequência, ele atribui à *finalidade* as características de "belo e o bem, em especial o sumo bem" (1094a). E o que exatamente é esse bem? É, para Aristóteles (1097a), aquilo em função do qual tudo o mais é feito: na medicina, a saúde; na estratégia, a vitória; na arquitetura, uma casa. Portanto, se há uma finalidade naquilo que os homens também fazem, ela será o bem que se realiza, que se busca por meio da *ação humana*. Porém, resta o problema de haver múltiplos bens e finalidades.

> Mas o sumo bem é, evidentemente, absoluto. Dessa maneira, se há apenas um fim absoluto, é ele que procuramos; e se houver mais de um, o mais absoluto deles será aquele que buscamos. Ora, chamamos de mais absoluto aquilo que merece ser procurado por si mesmo do que aquilo que é buscado em função de outra coisa; e aquilo que nunca se deseja em função de outra coisa é mais absoluto do que as coisas que são desejáveis tanto em si mesmas como visando a outras; portanto, chamamos absoluto e incondicional aquilo que é sempre desejável em si mesmo e nunca em função de outra (Arist., *Ét. Nic.*, 1097a).

Fundamentando-se nisso, Aristóteles (1097a) afirma que esse fim absoluto e incondicional parece ser a felicidade, por ser algo que sempre buscamos por si mesmo e nunca em função de outra coisa. Além disso, a felicidade é algo absoluto e autossuficiente, pois, mesmo isolada, torna a vida desejável, sem que haja uma sensação de estar faltando alguma coisa. Por essa razão, pode-se dizer que ela é a finalidade da ação humana. Porém, ainda é preciso conceituá-la um pouco melhor. Para isso, o Estagirita recorre à ideia da função: todos os entes têm funções, como a água para dar de beber, a casa para abrigar, e as profissões do homem para suas próprias funções específicas (o flautista, o artista, etc.). Da mesma forma, o ser humano como um todo deverá possuir uma função também. Se a função de cada um dos entes citados é de "ser bem exercida", então a função do homem também se relaciona com o seu bom exercício, sua *boa atualização*.

Assim, Aristóteles (1098a) conclui que a função do homem é o exercício de suas próprias capacidades, inerentes à sua alma, sempre balizado pela razão, como o próprio uso da inteligência, a honra, e assim por diante. E, claro, mais do que isso, trata-se do *bom* exercício, de maneira bela e nobre, para que o sumo bem, a sua finalidade, possa ser atingido. Portanto, veremos que o bem do homem é "exercer suas capacidades de acordo com a excelência ou virtude e, se houver mais de uma virtude, com a melhor e mais completa" (Arist, *Ét. Nic., 1098a*).

Da mesma maneira, Santo Tomás, que incorpora parte significativa do pensamento aristotélico às próprias ideias, também aborda o tema da finalidade, do fim último absoluto, em sua *Suma de Teologia*, parte I-IIae, logo na questão 1, artigo 2. De início, o Aquinate afirma, indo ao encontro de Aristóteles, que o ser humano possui, sim, uma finalidade, uma orientação para um fim em nossos atos, pois, sendo esses atos oriundos do livre-arbítrio, eles devem ser oriundos, também, de uma ação da vontade. E como o objeto da vontade é um fim e um bem, é necessário que todas as ações humanas tendam para um fim. E, assim, Tomás expõe os motivos pelos quais acredita que o fim é apenas um:

> É impossível à vontade de um mesmo homem tender simultaneamente para diversos fins últimos – e pode-se dar disso tríplice razão. A primeira é que, buscando cada ser a sua perfeição, busca-a como fim último, como bem perfeito e completivo de si próprio. [...] Forçoso é, pois, que o fim último satisfaça totalmente o desejo do homem. [...] A segunda razão é que no apetite racional ou vontade, necessariamente há de ser princípio o que é naturalmente desejado. Ora, este tem de ser um só, porque a natureza não tende senão para um termo. [...] A terceira razão é: [...] sendo tudo o que a vontade deseja, como tal, de um mesmo gênero, forçosamente há de ser uno o último fim. [..] Ora, o fim último do homem, em geral, está para todo o gênero humano, assim como o fim último de um determinado homem está para esse homem. Por onde, assim como todos os homens têm um fim último, naturalmente, assim também é necessário que seja à vontade de um determinado homem estatuído um fim último (ST I-II, q. 1, a. 5).

Tomás, por fim, também indica, na mesma questão, artigo 7, a necessidade de se haver não só um único fim último, mas, também, um fim último *absoluto*, único para todos, um fim que não muda conforme as circunstâncias. Diz ele que "quanto ao conteúdo, nem todos os homens nele convêm. Pois, uns desejam as riquezas, como o bem perfeito: outros, porém, o prazer: outros, por fim, outras coisas" (ST I-II, q. 1, a. 7). Ou seja, o fim último não pode ser relativizado segundo o gosto e o prazer de cada um, como ele critica acima, mas, ao contrário, é necessário que o bem seja inteiramente *completo*, desejando-o como último fim quem tem o afeto bem disposto, justamente quem tem mais maturidade para se inclinar ao sumo bem e não a outra coisa.

O que é a psicologia, afinal?

Analisados os princípios metafísicos que fundamentam a dinâmica da psicologia clássica, vamos, enfim, ao seu significado: o que ela é e a que ela se propõe ao se estar, por exemplo, com um paciente em um consultório ou um aluno diante de um mestre? Visto que chegamos à conclusão de se haver uma causa final para o ser humano, que é, para Aristóteles, a vida virtuosa - a qual, para Tomás, leva o homem a ter a visão beatífica de Deus - só se pode haver uma função central e essencial para o trabalho de um profissional ao lidar com a alma (*psyché*) de uma pessoa: *a melhora do seu caráter*.

O que isso quer dizer? Mais uma vez, a explicação para o caso se inicia com Aristóteles, que propôs que "se faça uma distinção quanto ao ser. Este não é apenas o que já existe em ato, mas também é o que *pode vir a ser em ato*, ou seja, o que existe em potência" (SANTOS, 2013, p. 113). Essa distinção indica que o ser humano – assim como qualquer ente da realidade – possui uma série de potencialidades incrustradas em si mesmo, isto é, diversas capacidades de "vir a ser" que se atualizam, tornando-se ato, e não mais potência. Isso é importante de ser entendido pois é o que embasa a razão de ser da psicologia: trata-se, portanto, de um *sistema antropológico especulativo* e de consequente *intervenção prática* que objetiva *tornar as diversas potências e capacidades de ação do ser humano em atos*. Por isso, fala-se na "melhora do seu caráter", que, como se verá mais adiante, se forma a partir da atualização dessas potencialidades inerentes ao homem, como a de agir com benignidade, coragem, fortaleza, etc.

Assim, chegamos àquilo que nos parece ser a melhor definição do que estamos aqui a examinar: a *ciência da melhora do caráter humano*, que - como explicou Aristóteles e depois assentiu Santo Tomás - quando formado nas melhores virtudes, com excelência, torna o ser humano feliz e o capacita a colaborar com a graça que o levará à bem-aventurança e à visão beatífica de Deus. Para evidenciar o que esse sistema de psicologia traz de benefício ao ser humano, recordamos um excerto escrito a respeito da psicologia clássica, especialmente em relação a Tomás de Aquino, de autoria de Erich Fromm, *neopsicanalista* do século XX, o qual, portanto, certamente não se enquadrava como um psicólogo de posicionamento aristotélico-tomista:

> Encontramos em Santo Tomás de Aquino um sistema de psicologia do qual se poderia aprender mais do que a partir da maioria dos textos de psicologia atuais. Ali se encontram as mais interessantes e profundas discussões de conceitos como: narcisismo, soberba, humildade, modéstia, sentimento de inferioridade e muitos mais (FROMM, 1983, p. 96).

O mesmo Fromm, para finalizar, ajuda-nos a dar maior precisão a essa definição:

> Geralmente se considera que a psicologia é uma ciência relativamente moderna, e isto porque o termo entrou em uso geral somente nos últimos cem, cento e cinquenta anos. Mas se esquece de que houveuma psicologia *pré-moderna*, a qual durou mais ou menos desde 500a.C até o século XVII, mas que não se chamava "psicologia", e sim "ética", ou, com maior frequência ainda, "filosofia", ainda que se tratasse justamente de psicologia. Qual era

> então a natureza e o fim dessa psicologia pré-moderna? *Era o conhecimento da alma do homem com o fim de convertê-lo em um homem melhor.* A psicologia tinha, então, uma motivação moral, e poderíamos dizer até religiosa, espiritual (FROMM, 1983, p. 96).

Enfim, temos a definição da psicologia trabalhada por Santo Tomás de Aquino e iniciada, muito antes, por Aristóteles. A ciência do "melhoramento do caráter", calcada nas capacidades humanas de se agir com excelência e de, assim, ser virtuoso. A partir de agora, veremos, inicialmente, as bases dessa psicologia – alma, apetites e paixões da alma -, para, em seguida, examinarmos o centro da personalidade humana e, por fim, os vícios e virtudes que compõem o caráter e que se originam desses fundamentos teoréticos da psicologia. Por último, analisaremos como se dá a educação da vontade, empreendimento imprescindível para esta pedagogia do caráter e, portanto, necessário para a criação de um ser humano virtuoso e melhor.

Capítulo 1
AS BASES DE UMA PSICOLOGIA TOMISTA

Até o momento, vimos, inicialmente, o *status quaestionis* do nosso tema, isto é, onde se encontra a ciência psicológica nesse momento, e traçamos as origens da psicologia clássica, especialmente de base aristotélico-tomista, para que pudéssemos, agora, tentar "resgatá-la" à luz do pensamento de Santo Tomás de Aquino, filósofo escolástico do século XIII. Para isso, devemos, primeiro, trazer à tona os pilares dessa psicologia, ou seja, quais são os princípios do pensamento tomista que fundamentarão, posteriormente, o desenvolvimento do conceito das virtudes, essência de uma prática psicoterapêutica que tenha como origem uma antropologia dessa natureza, de orientação tomasiana em sua base. Portanto, para isso, abordaremos, aqui, os temas da *alma*, da *cognição sensível*, do *apetite sensitivo*, com seus diferentes tipos, e das *paixões*.

1.1 Os diferentes tipos de alma e a alma humana

Aristóteles foi o primeiro pensador a esclarecer a causa formal de todo ente, como dito anteriormente. A causalidade formal se relaciona com a forma que o ente possui, e com isso não estamos a pensar em algo provavelmente imaginado como formato externo ou geométrico. Forma, na verdade, diz respeito ao "ser" de cada coisa, é aquilo que "dá o ser" e, portanto, se vincula à essência do ser. Forma e matéria compõem uma mesma unidade, em todo ente que *é* no mundo. Uma pedra, por exemplo, possui forma e matéria: a matéria sendo o substrato material, corpóreo, sobre o qual advém uma forma que "lhe dá o ser" e o determina, configurando-lhe a sua essência. No caso dos seres vivos, todos também possuem matéria e forma, com a diferença de que, neles, a forma recebe o nome de *alma*. A alma é, portanto, para Aristóteles (*De Anima*, 412a), a primeira atualidade de um corpo natural que tem em potência vida. E, para Santo Tomás (ST I, q. 75, a.1), o *princípio primeiro da vida*. Como afirma o Doutor Angélico:

> O que torna esse corpo atualmente tal é algum princípio, chamado o seu ato. Por onde, a alma, princípio primeiro da vida, não é corpo, mas o ato dele, assim como o calor, princípio da calefação, não é corpo, mas um ato do corpo (ST I, q. 75, a. 1).

Seres de natureza vegetal, sensitiva e humana, portanto, possuem um tipo de forma específico que chamamos alma. Correspondentemente, os primeiros possuem alma vegetativa, os segundos, alma sensitiva, e os terceiros- nós, humanos - alma intelectiva. Vejamos as diferenças entre elas. Para Santo Tomás (ST I q. 76, a. 3), a alma vegetativa é a mais ínfima de todas, pois opera exclusivamente pelo órgão corpóreo e em virtude de qualidade corpórea, como através da operação da digestão, que ocorre intrinsecamente; a alma sensitiva, por sua vez, se realiza pelo órgão, mas não por qualquer qualidade corpórea, pois não há uma exclusividade de um órgão ou um processo – e, além disso, como se comentará adiante, os animais, que possuem tal natureza de alma, têm uma razão inferior; por fim, a alma racional, cuja operação *excede a natureza corpórea* de tal modo que nem mesmo se exerce por meio de qualquer órgão.

Em tais tipos de alma estão difundidas certas capacidades, isto é, potências, que são incrustadas na matéria, uma vez que "matéria é potência e forma é atualidade" (Arist., *De* Anima, 412a). E, ainda segundo o Estagirita, essas potências são difundidas nos variados tipos de seres, podendo existir todas em um ser, algumas em outros e uma em alguns, sendo, é claro, o homem - ser de natureza racional – dotado de todas elas e, assim, "mencionamos como potências a nutritiva, a perceptiva, a desiderativa, a locomotiva e a raciocinativa" (Arist., *De* Anima, 414a).

Tal entendimento é corroborado por Santo Tomás (ST I, q. 78, a. 1), que apenas substitui a nomenclatura de algumas dessas potências. Para ele, os gêneros das potências se distinguem pelos seus objetos, o que ocorre em tríplice ordem. Primeiro, quando se tem como objeto o próprio *corpo intrínseco*, há a potência vegetativa. Em segundo lugar, quando se há como objeto o *ente extrínseco*, temos duas potências: a sensitiva, que procura conhecer o corpo sensível, e a racional, que procura conhecer o ente universal. Por fim, há as potências que decorrem de *inclinações* da alma: a potência apetitiva, que se inclina ao objeto como fim, e a potência locomotiva, que se inclina ao objeto como fim do movimento.

Essa análise descritiva é fundamental para entendermos, enfim, como opera a alma humana, que é a única que possui todas essas potências em conjunto: temos propriedades nutritivas; nós sentimos e conhecemos pelos sentidos; nos inclinamos a um bem; nos locomovemos; e, sobretudo, pensamos e raciocinamos de modo a conhecer a verdade universal. Essa compreensão nos levará ao entendimento de um passo subsequente em nosso estudo, que é a análise das nossas dimensões sensitiva e apetitiva, responsáveis pelo surgimento das paixões da alma, elemento basilar no desenvolvimento da psicologia de Santo Tomás de Aquino.

Pasnau (2002, p. 144) afirma que essa divisão de potências e de diferentes tipos de almas pode dar a impressão, em quem se depara com essas descrições propostas por Aristóteles e pelo Aquinate, de haver, no próprio ser humano, três tipos de almas diferentes – a vegetativa, a sensitiva e a intelectiva -, mas isso, claramente, não é o caso, uma vez que Santo Tomás (ST I q. 76, a. 3) desmente esse entendimento ao dizer que, pressupondo que a alma está unida ao corpo, como já dissemos, é absolutamente impossível existirem, neste mesmo corpo, várias almas *essencialmente* diferentes.

Para explicar isso, Santo Tomás (ST I q. 76, a. 3) lança mão de três diferentes argumentações. As duas primeiras se referem, por um lado, à necessidade de *unidade na forma* - pois não fosse a alma una, não haveria unidade naquilo que dá o próprio ser ao ente – e, por outro lado, à *predicação*. A terceira razão é a mais contundente, na nossa opinião, pois evidencia, segundo a proposição tomasiana, simplesmente que *o mais perfeito contém o menos perfeito*, como figuras matemáticas, que contêm umas às outras e excedem umas às outras e, "do mesmo modo, a alma intelectiva contém, pela sua virtude, tudo o que tem a alma sensitiva dos brutos e a nutritiva das plantas" (ST I q. 76, a. 3).

Concluímos, portanto, que o ser humano, objeto desta psicologia que intentamos estruturar tomando como base o pensamento do Doutor Angélico, possui *uma* alma, *una*, de natureza *intelectiva*, onde residem as potências nutritiva, sensitiva, apetitiva, locomotiva e racional. E essas potências são responsáveis pela atualização, na forma, ou seja, na alma, de certas características próprias do homem, que edificam o seu sistema psicológico e sobre as quais nos aprofundaremos a partir de agora.

1.2 A Cognição Sensível

"A diferença entre Aquino e Aristóteles [nesse aspecto] é gritante" (PASNAU, 2002, p. 171). Isso porque, para o autor, Tomás dedica menos tempo a analisar a esfera sensitiva e os sentidos humanos, ao passo que Aristóteles o faz extensamente em seu *De Anima*. De modo inverso, Santo Tomás passaria a dedicar boa parte de suas questões 80 a 89 da Ia *pars* e, posteriormente, a IaIIae, da *Suma Teológica*, a discorrer sobre as potências *apetitivas* e *intelectivas*. De qualquer maneira, começamos o nosso estudo pelos sentidos humanos pois eles são a porta de entrada para as informações do meio externo, sem a qual, portanto, não há a possibilidade de processo intelectivo algum. São as informações obtidas sensorialmente a partir do meio externo que geram, no ser humano, inclinações apetitivas, tanto sensitivas como intelectivas, tema que será trabalhado mais adiante.

Estamos aqui a falar da *cognição sensível*, o conhecimento que obtemos do meio externo através dos sentidos. Nota-se que, aqui, não estamos a tecer relação com o conhecimento intelectivo, que, para Tomás, possui caráter unicamente abstrativo. Novamente, o nosso objetivo, neste momento, é explicar o funcionamento do *conhecimento sensorial*. Sobre isso, Santo Tomás (ST I, q. 78, a. 3) afirma que os sentidos humanos externos são cinco: visão, olfato, paladar, tato e audição, no que segue a Aristóteles, que diz que "não há outra percepção sensível além das cinco (refiro-me à visão, audição, olfação, gustação e tato)" (*De Anima*, 424b). Assim complementa o Aquinate:

> Mas a razão do número e da distinção dos sentidos exteriores funda- se no que, propriamente e por si, pertence ao sentido. Ora, este é uma potência passiva, à qual é natural ser alterada pelo sensível externo. E o exterior é capaz de alterar porque, em si, é percebido pelo sentido, distinguindo-se, pela sua diversidade, as potências sensitivas (ST I q. 78, a.3).

A definição, aqui, de *potência passiva* é de suma importância, pois é o que, entre outras coisas, diferencia a cognição sensível, passiva, da cognição intelectiva, de aspecto passivo, mas também ativo. Além disso, não estamos sujeitos a controlar o que conhecemos sensivelmente: quando olhamos, simplesmente conhecemos instantaneamente, e assim por diante. Outro aspecto que vale mencionar é o de que Santo Tomás (ST I q. 78, a. 3, ad. 2) separa as espécies sensíveis, isto é, que são objeto da nossa cognição sensível, em três partes: há os sensíveis *per se* e os sensíveis *per accidens*. Os primeiros também se subdividem em sensíveis *próprios* e *comuns*.

Para o Doutor Angélico, como explica Pasnau (2002, p. 183), o que os sentidos realmente captam é tudo aquilo que causa uma impressão, uma *mudança no órgão do sentido*. Estes são os sensíveis *per se*, em si mesmos. Entre eles, os sensíveis "próprios" é que seriam os sensíveis primários, pois "deixam uma impressão nos sentidos primariamente e per se, uma vez que são essas as qualidades[13] que produzem alteração" (ST I q. 78, a. 3, ad. 2). Os sensíveis comuns, por sua vez, são relacionados à quantidade e também são sensíveis *per se*, mas, diferentemente dos sensíveis próprios, atuam *secundariamente* no processo de cognição: o tamanho de uma superfície, por exemplo, só é recebida pela visão *em função* da cor dessa superfície, que é primariamente sentida. Por fim, há os sensíveis *per accidens*, isto é, acidentais, que são as substâncias nas quis estão inseridos os sensíveis próprios e comuns: o pássaro, a árvore, a pedra, onde estão a cor, a textura, o tamanho, etc. Estes não são propriamente "vistos" ou "ouvidos", mas *inteligidos* pelo intelecto num processo que será visto posteriormente.

Temos então, nos sentidos externos, a visão, que capta os estímulos visuais; a audição, que capta os estímulos sonoros; o olfato, que capta os estímulos olfativos; o paladar; que capta os estímulos gustativos – e que é uma espécie de tato -; e o tato, que capta os estímulos táteis,

13 Qualidades se referem a cor, som, odor, etc. Para Santo Tomás, segundo Pasnau (2002, p. 182), esses sensíveis são os "próprios" não porque há um deles correspondente para cada órgão dos sentidos específico, como sugeria Aristóteles, mas fundamentalmente porque são as qualidades que agem efetivamente nos órgãos, sendo primariamente "sentidas" por eles.

do toque. Esses são os sentidos que, passivamente, recebem as informações sensoriais do ambiente externo.

Mas há, também, outra série de sentidos que organizam as informações *dentro* da estrutura cognitiva humana. E quando falamos em estrutura cognitiva, nos referimos ao próprio tecido cerebral e suas diferentes localizações anatômicas e fisiológicas. Esses sentidos são os *sentidos internos*. O primeiro deles, do qual falaremos, é o *sensus communis*, ou sentido comum, que é o *princípio de unidade* de todos os atos dos sentidos externos. Isso porque "os sentidos externos são inúteis como potências isoladas, sendo necessário que trabalhem em conjunto com uma potência interna na qual elas estão enraizadas e da qual elas dependem" (BRENNAN, 2016, p. 95).

> Ora, deve-se considerar que, para a sua vida, é necessário que o animal perfeito apreenda a coisa, estando o sensível não só presente, mas ainda ausente; do contrário, pois que o seu movimento e ação resultam da apreensão, o animal não se moveria a buscar qualquer coisa ausente [...] Logo, não somente é necessário que o animal, pela alma sensitiva, receba as espécies dos sensíveis, quando sofre mutação pela presença deles; mas ainda as retenha e conserve (ST I q. 78, a. 4).

Esse ato de "reter e conservar", do qual fala Santo Tomás, se refere à *percepção*. Isto é, recebemos as espécies sensíveis externas pelos sentidos exteriores, mas há a necessidade de conservarmos essa informação sensorial obtida, caso contrário teríamos que estar diante de um objeto a todo tempo para conhece-lo sensorialmente. Porém, isso não é necessário pois os sentidos internos, primeiramente o sentido comum, atuam nesse processo. Desse modo, o sentido comum, que Tomás (ST I q. 78, a. 4) também chama de *sentido próprio*, tem a função de unificar as informações recebidas do meio externo. Isso porque as informações *visuais* de uma pessoa são isoladas das informações *sonoras* dessa mesma pessoa falando. Por isso, necessitam ser unificadas em um centro perceptivo, que se chama sentido comum, de modo a adquirirem sentido e a estarem ordenadas.

Em sequência, tais informações, condensadas e unificadas, devem ser guardadas na memória. Porém, Santo Tomás (ST I q. 78, a. 4) não chama de "memória" a potência que cuida dessa retenção de informações. Ele chama de *fantasia* ou *imaginação*. Uma vez unidas e retidas, as informações precisam fornecer ao receptor dessas sensações algo de significativa relevância para a dinâmica apetitiva que abordaremos posteriormente (e que é um dos alicerces do sistema de psicologia tomasiano): a *intencionalidade*. O que as informações possuem como intenção? Há benignidade? Ou há nocividade? A tomada de decisão de um animal[14] ou do ser humano quando vê um objeto passa por essa compreensão. Nesse caso, o Aquinate utiliza seu famoso exemplo do lobo e a ovelha: "assim, a ovelha, vendo o lobo aproximar-se, foge, não pela feiura da cor ou a figura do mesmo, mas como sendo um inimigo da sua natureza [...] Logo, é necessário ao animal perceber tais espécies intencionais" (ST I q. 78, a. 4). Essas espécies intencionais não são percebidas pelos sentidos externos, e essa percepção deve ter algum outro princípio. Este outro sentido responsável por essa

14 Lembramos que, até aqui, o que se fala do ser humano estende-se, em geral, para os animais, pois possuem as mesmas qualidades sensitivas do homem, com certas diferenças, como se vê ao longo do capítulo.

captação, que também é um sentido interno, é a *estimativa*. Nesse caso específico, há diferenças entre o processo da intencionalidade no animal e no homem:

> Pois, os animais percebem tais espécies só por um como instinto natural; ao passo que o homem, por uma certa comparação. E por isso, a chamada estimativa natural, nos animais, chama-se *cogitativa* no homem, que chega a tais espécies intencionais por uma certa comparação. Donde vem a chamar-se também *razão particular*, à qual os médicos assinalam um órgão determinado, a saber, a parte média da cabeça[15] (ST I q. 78, a. 4).

Portanto, todo ser humano possui uma potência cognitiva chamada *cogitativa* ou *razão particular*, responsável por comparar espécies intencionais e contribuir, posteriormente, à tomada de decisão da vontade, a partir da iluminação da inteligência. Essa razão particular difere da inteligência propriamente dita porque, como afirma Brennan (2002, p. 102), o ponto a respeito dos julgamentos sensitivos é que eles representam um conhecimento apenas de relações concretas. Ao contrário, julgamentos racionais sempre implicam o conhecimento de relações abstratas. Os primeiros se fundam numa unidade de imagens particulares, e os segundos em uma comparação de ideias universais. De qualquer modo, como se verá posteriormente neste estudo, essa primeira compreensão inferior, que é de ordem sensitiva, implicará

15 É claro que se trata de um conhecimento médico do século XIII, época de Santo Tomás de Aquino, mas a ideia de a razão particular, por ser instrumento cognitivo, estar no próprio órgão corpóreo cerebral, certamente se mantém até hoje, uma vez que uma qualidade sensorial necessita de um órgão material para operar.

certa influência nesse processo de intelecção abstrativa da inteligência.

E, enfim, temos o último sentido interno, chamado propriamente de *memória*. A memória é responsável por *preservar* justamente a *intencionalidade* dos entes sensíveis observados, como um tesouro dessas espécies intencionais. "E a prova é que o princípio da lembrança resulta, nos animais, de alguma espécie intencional como esta, a saber, o que é nocivo ou conveniente. E o passado, na sua natureza, à qual se reporta a memória, é computado entre tais espécies" (ST I q. 78, a. 4).

É premente diferenciarmos especificamente memória de imaginação, pois podem parecer iguais. Além do que já foi dito, para Brennan (2002, p. 101), por operarem visando uma determinada retenção de algo já vivenciado, ambas trazem imagens do passado ao presente, tornando-as vívidas. Porém, a memória sempre reconhece os seus produtos revividos como imagens de eventos passados, traçando-os até sua origem na experiência perceptiva e colocando-os em um momento específico do tempo. Ou seja, a imaginação, por um lado, nada mais faz do que reter as informações unificadas pelo sentido comum, enquanto a memória, por sua vez, retém essas informações juntamente com suas *intenções* experienciadas, fazendo o ser humano (ou o animal) reviver a experiência do passado com todas as suas características.

Destarte, pudemos traçar a compreensão precisa sobre como, para Tomás, se compõe a estrutura inicial do aparato cognitivo sensível do ser humano, com suas potências apreensivas sensíveis externas – os sentidos externos – e as potências apreensivas sensíveis internas –

os sentidos internos. Agora veremos a visão do Doutor Angélico a respeito de um passo subsequente no entendimento da sua estrutura de psicologia: o *apetite sensitivo*.

1.3 O apetite sensitivo no ser humano

Ao passo que a cognição sensível, como vimos, se fundamenta em uma passividade - pois as informações sensoriais de um bem são *recebidas* pelos órgãos dos sentidos externos e internos - podemos afirmar, contrariamente, que a apetitividade se fundamenta em uma certa *atividade* da alma, isto é, em potências que ativamente *buscam* determinado ente, ao invés de simplesmente receber dados sensitivos a seu respeito. Isso sucede porque a natureza do apetite sensitivo no ser humano implica, como o próprio nome indica, o ato de *apetecer*. E, no caso, apetecer um bem. Entende-se apetecer como inclinar-se até esse bem, entendido, é claro, como apetecível. Assim, ao reconhecer em um bem uma qualidade que nos apetece, inclinamos a esfera sensitiva[16] da nossa alma até ele, com o intuito, por exemplo, de possuí-lo. Tomás chama esse movimento apetitivo de *movimento sensual* ou *sensualidade*, por ser próprio do aparato sensível animal e, mais especificamente, consequência da apreensão sensível, "assim, como do ato se tira o nome da potência, como da visão a vista" (ST I q. 81, a. 1).

Inicialmente, precisamos lembrar que esse processo se inicia com a própria cognição, pois é apenas

16 Estamos aqui comentando da dimensão sensitiva da alma humana. Um modo similar de processo apetitivo ocorre na esfera intelectiva, como se verá adiante.

conhecendo um ente com os nossos sentidos que podemos qualificá-lo como um bem o qual apetecer ou não. Visão, audição, tato, paladar e olfato, juntamente com os sentidos internos, especialmente a cogitativa[17], nos fornecem esses dados e nos indicam ao que nos inclinar. Tudo isso, como dito, dentro da esfera sensitiva da alma, onde ainda não estão operando a inteligência e a vontade. Até esse momento, não há controle ou domínio. Vê-se com os olhos ou prova-se com o paladar um objeto ou uma comida e, de maneira como que instintiva, o apetite se inclinará a esses entes ou se afastará deles. Adiante, veremos exatamente como será possível, para Santo Tomás, o controle e, podemos dizer, a ordenação dessa atuação estritamente sensitiva do apetite e, portanto, até mesmo caótica para certas fases do desenvolvimento humano.

Esse processo de inclinação ou afastamento face a um ente se distingue em uma separação que, para Tomás, se dá de duas maneiras: pode-se tratar de uma inclinação – isto é, uma apetitividade – a um bem *enquanto tal*, ou, então, a um bem considerado como *árduo*. Essa distinção é significativa pois, a partir dela, dá-se nomes diferentes a cada um desses "modos" de inclinação do apetite sensitivo. O primeiro deles é o *apetite concupiscível*, que se volta a um ente de modo a simplesmente deseja-lo ou não. Ou seja, é aquele modo de apetecer que se relaciona com a mera concupiscência, a atração a um bem sensível particular, de onde deriva o seu nome. Tal inclinação

17 A razão particular, ao captar a intencionalidade do ente conhecido pelos sentidos, informa ao apetite um pouco do que a pessoa de fato receberá como benefício ou prejuízo se se inclinar ao ente ou não, uma vez que, como dito, compara as relações nele contidas.

concupiscível pode ser atrativa ou repulsiva, isto é, pode se dar de modo a buscar um bem conveniente ou a fugir de um mal inconveniente (quando o ente que estimulou o apetite é tido, ao contrário, como um mal). De um modo ou de outro, trata-se de simplesmente considerar o ente em si mesmo, gerando atração ou afastamento, como um prato de comida ao alcance, por exemplo.

De maneira um pouco distinta, o apetite irascível também se caracteriza pela inclinação – ou não – a um determinado bem, desta vez não considerado *simpliciter*, em si mesmo, mas um bem tido como árduo. Como este ato de apetecer, nesse caso, implica necessariamente um esforço por parte de quem apetece, tendo em vista a arduidade do bem, em alguns casos o bem apetecido pode não ser alcançado, gerando a paixão da ira[18], e por isso o nome deste tipo de apetite sensitivo. Trata-se, portanto, da inclinação apetitiva a um bem de difícil obtenção ou, em sentido oposto, da fuga de um mal que se configure, também, de árdua execução. Podemos pensar, por exemplo, numa dificultosa situação de sobrevivência face a uma ameaça. Em suma, eis como o Aquinate sintetiza esse conceito na *Suma Teológica*:

> O apetite sensitivo é, genericamente, uma só potência, que se chama sensualidade; mas divide-se em duas potências, que são espécies do apetite sensitivo, a saber, a irascível e a conscupiscível. E isto se evidencia considerando que, nas coisas naturais corruptíveis, deve existir, não somente a inclinação para conseguir o conveniente e fugir do nocivo, mas também para resistir às coisas que, corrompendo e sendo

18 A descrição das paixões da alma será melhor detalhada a seguir neste capítulo.

contrárias, trazem impedimento e causam dano ao que é conveniente (ST I q. 81, a. 2).

O correto entendimento da sensualidade ou apetitividade sensitiva é fundamental para a compreensão do que abordaremos a seguir: as paixões da alma, um dos núcleos da estrutura geral da psicologia de Santo Tomás de Aquino.

1.4 As paixões da alma

Dentro do sistema de psicologia proposto por Tomás, as paixões da alma desempenham um papel central, pois é tomando-as em consideração, como se verá posteriormente neste estudo, que desenvolvemos as virtudes ou os vícios que moldam o nosso caráter. Tal centralidade é tão evidente, que, na *Suma Teológica*, o Aquinate dedica diversas questões para o estudo desse tema, reunidas no Tratado das Paixões, entre as questões 22 e 48 da IaIIae. Antes de enumerá-las, precisamos entender sua concepção, de onde surgem e o que significam. Genericamente, *paixão* é relacionada aproximadamente ao que se entende hoje em dia como *emoção*, um termo que passou a ser utilizado mais amplamente a partir do século XVI. Assim, para alguns, paixão e emoção seriam praticamente a mesma coisa, sendo o termo "paixão" apenas uma designação mais comumente utilizada pela filosofia escolástica em seu contexto cristão.

Por outro lado, Dixon (2003, p. 1), em seu estudo a respeito da história desses conceitos - de Agostinho até os dias atuais -, evidencia que, na verdade, trata-se de terminologias que podem ter sentidos significativamente diferentes. Se para os autores – que, na era moderna, estão mais acostumados ao emprego de "emoção" - esta pode adquirir significados diversos a depender da teoria psicológica que se defenda, para Tomás, ao contrário, o seu uso de "paixão" possui uma aplicação muito mais específica. Não podemos nos propor, aqui, a descrever os inúmeros sentidos de que esses termos se revestiram com o passar dos séculos, não sendo evidentemente o propósito deste estudo, por isso nos voltaremos apenas ao que Santo Tomás intentou propor em seu tratado.

Inicialmente, para melhor compreendermos o assunto, convém analisarmos a etimologia por trás dessa nomenclatura. "Paixão" origina-se do latim *passione*, cuja significação se relaciona com o verbo *padecer*. Ter uma paixão, portanto, é, para Tomás, *padecer* ou, mais propriamente, *sofrer*. Mais amplamente, porém, o próprio Tomás na *Suma Teológica*, questão 22, artigo 1, afirma que paixão também pode ser atribuída à noção de "receber". Assim é como o filósofo escolástico resume:

> A palavra sofrer tem tríplice acepção. Uma, comum, pela qual todo receber é sofrer, mesmo que o ser nenhum detrimento sofra; assim dizemos que o ar sofre quando é iluminado. Ora, isto é mais propriamente aperfeiçoar-se que sofrer. – Num sentido próprio, empregamos a palavra sofrer para significar uma coisa recebida com exclusão de outra, o que de dois modos pode dar-se. Ora, é excluído o que não convém ao ser; assim, quando o corpo de um animal sara, dizemos que sofre porque recebe a saúde, por exclusão da doença. De outro modo, inversamente (ST I-II, q. 22, a. 1).

E é neste sentido inverso, isto é, em que se recebe a doença em detrimento da saúde, que, para Santo Tomás, se encontra o sentido mais próprio para "paixão", "pois sofrer implica em alguma coisa ser atraída para o agente, porquanto, o ser que fica privado do que lhe é conveniente é considerado, sobretudo, como atraído para outro ser" (ST I-II, q. 22, a. 1).

Além do exposto acima, é importante esclarecer algo que pode facilmente ser mal compreendido no pensamento tomasiano a respeito das paixões da alma. Embora o Doutor Angélico explicitamente vincule o fenômeno das paixões à alma humana, como diz o nome, elas não são propriamente da alma, mas, sim, do corpo. Isso se dá porque "tomando propriamente a paixão, é *impossível que algo incorpóreo padeça*[19] [...] Logo, aquilo que por si padece, no sentido próprio de paixão, é o corpo" (QDV, q. 26, a. 2). Porém, como a alma se une ao corpo, vivificando-o, esta "padece", ou seja, tem as paixões *por acidente*. Assim, embora seja possível atribuir à alma a ocorrência de certa paixão, neste caso isso ocorre somente em sentido comum, na forma de uma recepção, como quando a inteligência recebe a forma de um ente no processo de inteligir, sem passar por algum processo de alteração, que é próprio apenas de quem possui a propriedade do movimento, exclusiva, por sua vez, de substâncias corpóreas[20].

Com isto em mente, podemos chegar à compreensão de outro aspecto importante da teoria tomista das paixões da alma. Para Santo Tomás, toda paixão está necessariamente associada ao que ele chama de "transmutação do corpo". Como o que acontece é certo padecimento

---

19 Itálico nosso.

20 "O movimento não se encontra senão nos corpos" (QDV, q. 26, a. 1).

oriundo de um ato de *movimento* da esfera sensitiva da alma, há, por implicação, uma mudança corporal subjacente, como uma espécie de padecimento *físico* consequente a esse movimento[21]. Para não restar dúvidas, enfim, a respeito do que o Aquinate entende por paixão da alma, ele assim sintetiza:

> Ao conceito de paixão pertence: primeiro, ser um movimento da virtude passiva, para o qual o seu objeto está como um motor ativo, pois a paixão é um efeito do agente. E deste modo também consideramos paixões o sentir e o inteligir. Segundo e mais propriamente, chama-se paixão o movimento da virtude apetitiva. E, ainda mais propriamente, o movimento da virtude apetitiva servida por um órgão corpóreo, acompanhado de certa transmutação corpórea. E, enfim, propríssimamente, chamam-se paixões os movimentos que acarretam alguma nocividade (ST I-II, q. 41, a. 1).

Dessa forma, portanto, temos o seguinte: o agente, que é algum ente tido como um bem ou um mal, *age sobre o paciente*, o homem, atraindo-o ou não. A dimensão sensitiva da alma, através do seu apetite sensitivo – concupiscível e irascível –, movimenta-se, atualizando a potência de buscar o ente ou de repeli- lo. Este movimento, por sua vez, neste processo de atualização, engendra o estado de "padecer" da alma, que é acompanhado de uma alteração corpórea. Isto, enfim, é o que aqui chamamos

21 Santo Tomás, assim, realça a unidade substancial corpo-alma que ele entendia compor o ente humano, mostrando "os elementos psíquicos e somáticos que cada paixão revela. O fator psíquico é a inclinação do apetite ao seu objeto próprio. O fator somático envolve não só o sistema nervoso, mas também as glândulas, tecidos e órgãos que fazem parte da fisiologia das emoções" (BRENNAN, 2016, p. 123).

paixão da alma, objeto do qual Santo Tomás de Aquino se ocupa extensamente em seu Tratado das Paixões Humanas, na *Suma Teológica*. Para melhor descrevermos, a partir de agora, as *passione animae*, requer-se que façamos uma distinção entre as paixões oriundas do apetite concupiscível e as originadas a partir do apetite irascível.

1.4.1 Paixões do apetite concupiscível

As paixões do apetite concupiscível são aquelas que surgem do movimento e tendem a finalizar-se no repouso. Ao apetecer um bem, considerado absolutamente, a alma inclina-se a ele num processo de movimento e procura, ao fim, repousar sobre ele, fruindo deste repouso. Assim, o Aquinate nos mostra as três primeiras paixões originadas da ação do apetite concupiscível, que são o *amor*, o *desejo* (também chamado de *concupiscência*) e a *alegria*. Para Santo Tomás (ST I-II, q. 26, a. 1), o amor significa a proporção do apetite com o bem, isto é, o estado de *complacência* com ele, em que consideramos propriamente se o ente, como conhecido pelos sentidos, se trata, ou não, de um bem, de modo a que possamos apetecê-lo.

Dessa maneira, o *amor* é considerado a primeira das paixões do concupiscível em ordem de *execução*, pois para que se atinja o repouso no bem, é primeiro necessário haver essa complacência, ou seja, amá-lo. Tal ato também é descrito por Tomás (ST I-II, q. 26, a. 2) como princípio do movimento tendente para o fim amado e "primeira imutação do apetite pelo apetível", esta referindo- se ao fato de o agente, o bem, introduzir no paciente o movimento em direção a si mesmo. Ainda sobre o amor, o Aquinate atribui-lhe certas características inerentes, como o caráter de união que se deriva desta paixão. Ao amarmos um bem, por *amor de concupiscência*, como define Tomás, invariavelmente desejamos este bem às pessoas que amamos, pois lhes queremos o melhor, e, assim, acabamos nos unindo mais a elas[22]. Além disso, como o amor sempre ocorre como primeiro princípio de movimento em direção a tudo o que apetecemos, o *zelo* é indissociável do ato de se amar pois "é manifesto que todo e qualquer agente pratica todas suas ações por amor" (ST I-II, q. 26, a. 6).

Em segundo lugar na ordem de execução está a paixão da *concupiscência*. Esta surge após o "princípio de movimento" iniciado pelo amor. Uma vez "ajustada a proporção entre o apetite e o bem", o apetite concupiscível efetivamente inclina-se até aquele, buscando-o com o intuito de poder repousar na sua presença. Tal movimento é a concupiscência. Segundo Santo Tomás (ST I-II, q. 30, a. 3), pode-se distinguir a concupiscência em dois tipos. O primeiro seria a concupiscência natural, que compartilhamos com os animais, e que é definida pela busca de bens naturais, como comida. Em segundo lugar, há a concupiscência não-natural, possuída apenas pelo ser humano, tida como aquela que busca bens não-naturais, desnecessários para a natureza em si mesma, e que, por isso mesmo, é acompanhada pela razão (sem a qual não se buscaria algo não necessário ao nosso estado natural)[23].

---

22 O ato de se amar um bem e, por amá-lo, deseja-lo a uma pessoa que amamos, Santo Tomás designa como "amor de amizade".

23Para que se evite confusões, ressaltamos, nesse ponto, que tal forma racional de concupiscência está vinculada ao que Santo Tomás chama de *vontade*. Esse apetite não pertence à esfera sensitiva da alma humana, mas, sim, à intelectiva, e possui outras características e propriedades que serão melhor abordadas posteriormente neste estudo.

Por fim, após o amor e a concupiscência, surge a paixão do *prazer*, já tida, por sua vez, como primeira paixão não em ordem de execução, mas em ordem de intenção, uma vez que, ao apetecermos um bem, já objetivamos, logo de início, possui-lo. O repouso no bem apetecido, proporcionando o deleite[24], chama-se, portanto, prazer. Embora o prazer ocorra neste estado de repouso, o que poderia nos levar a pensar que não se trata de uma paixão já que esta é necessariamente produto de um movimento -, ele está relacionado ao movimento no sentido da *intenção* do apetite. Isto quer dizer que, apesar de a *execução* do movimento ter o seu fim ao se possuir o bem, "ainda continua a imutação do apetite pelo seu objeto, em razão do qual o prazer é um movimento" (ST I-II, q. 31,a. 1, ad. 2). Ou seja, a *execução* do movimento apetitivo finaliza- se, mas este permanece em movimento em caráter de *intenção*, ao continuamente suscitar a inclinação ao bem deleitável mesmo já em sua posse.

A paixão do prazer é a mais forte das paixões e esta força é também maior ou menor de acordo com o sentido exterior através do qual ela se origina. Neste aspecto, ela pode ser dividida em prazer segundo o *conhecimento* e prazer segundo a *utilidade*. Como a visão é o principal sentido externo a proporcionar a cognição sensível, ela causa o prazer por conhecimento mais do que os outros. Do mesmo modo, como o tato gera maior prazer no que diz respeito à conservação natural – como o prazer venéreo e o da comida -, este é causa de maior prazer de utilidade. E como a busca da preservação

24 Por essa razão, o apetite sensitivo necessariamente se inclina ao que se apresenta como "bem deleitável".

da espécie ao satisfazer necessidades básicas se impõe, na esfera sensitiva, sobre o conhecimento, o prazer do tato é o maior de todos.

Como elementos secundários na análise do prazer, convém assinalar que, para Santo Tomás (ST I-II, q. 32, a. 3), essa paixão pode ter algumas causas. Entre elas, estão a *memória* e a *esperança*, que, mesmo na ausência de um bem deleitável atual, podem causar o prazer, respectivamente, pela apreensão e pela possibilidade de se alcança-lo. E há, ainda, a admiração, a benevolência e a própria tristeza como causas de prazer, esta última quando considerada em contraste com o prazer obtido após a sua superação. Tomás ainda diferencia o simples prazer, ou deleite, do prazer da alegria, que resulta da ação do apetite intelectivo e do uso da razão. Analogamente podem ser comparados às diferentes concupiscências vistas anteriormente, a natural – que resulta em prazer corpóreo – e a não-natural, acompanhada da razão – que resulta em alegria.

> Há um certo prazer consequente à apreensão da razão. Ora, por esta apreensão é movido não só o apetite sensitivo, aplicando-se a um objeto particular, mas também o apetite intelectivo, chamado vontade.
> E então, no apetite intelectivo ou vontade há o prazer chamado alegria, não, porém, o prazer corpóreo. Ora, os prazeres de um e outro apetites diferem em que os do apetite sensível são acompanhados de certa transmutação corpórea; ao passo que os do apetite intelectivo não são mais que um movimento simples da vontade (ST I-II, q. 31, a. 4).

Dessa forma, o prazer[25] ocupa, para Santo Tomás (ST I-II, q. 31, a. 3), um domínio mais vasto, visto que, por ser corpóreo, qualquer apreensão sensível pode originar um prazer sensitivo, mas nem toda apreensão resultará em alegria ou prazer intelectivo -, uma vez que, para isso, o prazer deverá ser acompanhado da razão, o que nem sempre acontece. Temos, assim, as três paixões que se originam do apetite concupiscível quando um determinado ente, após apreendido pela cognição sensível, é apetecido como um bem deleitável: primeiro, o *amor*, depois a *concupiscência* e, enfim, o *prazer*.

Quando, porém, o ente apreendido não é tido como deleitável, mas como algo que *não* se quer, o apetite sensitivo atua em sentido contrário, procurando escapar do agente em questão e gerando, consequentemente, paixões que se posicionam de maneira oposta às já estudadas até o momento. São estas as paixões do *ódio*, que se opõe ao amor; da *aversão*, que se opõe à concupiscência; e da *dor*, que se opõe ao prazer. Como elas surgem ao se considerar um ente – no caso, um mal - absolutamente, e não por sua arduidade, elas são associadas, também, ao apetite concupiscível.

O *ódio* é, para o Aquinate (ST I-II, q. 29, a. 1), a paixão proveniente do estado contrário àquele de complacência no bem, que vimos ser o do amor. Isto é, se neste ocorre uma "conformação" do bem com o apetite, naquele isto sucede de maneira oposta. Por não haver a

25 Para Santo Tomás (ST I-II, q. 31, a. 3, ad. 3), o prazer ainda tem outras denominações definidas em virtude dos seus efeitos, como a *ledice (laetitia)*, associada à dilatação do coração; a *exultação*, em que há os sinais exteriores do prazer; a *jucundidade*, oriunda de certos sinais da alegria.

complacência, mas, sim, uma rejeição face a um mal, a paixão do ódio indica ao paciente[26] a necessidade de fuga ou distanciamento. Essa rejeição pode ser traduzida mais precisamente por uma *dissonância* do apetite com o objeto, compreendido como repugnante e nocivo e, por ser assim, "como todo conveniente tem, como tal, natureza de bem, assim todo repugnante o tem como tal natureza de mal. E, portanto, como o bem é o objeto do amor, o mal o é do ódio" (ST I-II, q. 26, a. 1).

Dentre alguns aspectos que o Doutor Angélico elenca a respeito do ódio, estão a relação que se encontra entre este e a paixão do amor, e a possibilidade, ou não, de certos objetos particulares serem compreendidos como nocivos e, portanto, serem, também, causa de ódio. Quanto ao primeiro ponto, Santo Tomás (ST I-II, q. 29, a. 2) mostra como o amor é sempre *anterior* ao ódio: quando se toma algo como nocivo ou repugnante, isto se dá meramente como uma apreensão *oposta* àquela que compreende o bem como consonante e deleitável ao apetite. Assim, ao se ter ódio por algo, o apetite concupiscível está suscitando essa paixão simplesmente por *antes* considerar que o ente em questão, apreendido como nocivo, contraria um bem que se ama. Por essa razão e neste sentido, pode-se dizer que o ódio é causado pelo amor, por se odiar aquilo que inicialmente contraria o bem tido como deleitável. Isso vai ao encontro do que Santo Tomás afirma anteriormente na *Suma Teológica* quando trata da hierarquia das paixões, ao citar Santo Agostinho:

---

26 Paciente entendido como aquele que "sofre a paixão".

> "Diz Agostinho que todas as paixões são causadas do amor, pois o *amor, desejando ardentemente possuir o seu objeto, é desejo; quando, porém, já o possui e o goza é alegria*" (ST I-II, q. 25, a. 2).

Essa diferença entre amor e ódio também justifica, para o Aquinate, o fato daquele ser mais forte que o último, uma vez que "o mal não age senão em virtude do bem, como diz Dionísio" (ST I-II, q. 29, a. 3). Tal entendimento demonstra como, para Santo Tomás de Aquino, o amor possui primazia dentre as paixões da alma quando considerada como causa eficiente de todas elas[27] [28]. Da mesma forma, é interessante analisar como esse contraste entre as paixões do amor e do ódio, que, como visto, somente existe pela presença, ou não, do bem que se ama, guarda relação com a doutrina mais ampla que Santo Tomás desenvolve a respeito do mal, segundo a qual se propõe, de maneira simplificada, que o mal nada mais é do que a *ausência do bem*. Assim:

> Segundo Aquino, o mal não tem perfeição nem ser. O mal só pode significar a ausência do bem e do ser; pois o ser, enquanto ser, é um bem. Por essa razão, o mal representa algo puramente negativo, ou melhor, ele não é nem essência nem realidade. Ele se apresenta como privação de uma propriedade que a substância deveria possuir (CALLEGARO, 2010, p. 69).

Quanto à relação do ódio com suas possíveis causas, Santo Tomás (ST I-II, q. 29, aa. 4-6) faz menção ao ódio

27 Cf. p. 32 sobre as quatro causas de Aristóteles.

28 Embora *neste sentido* específico ele considere o amor como mais importante que as demais, quando consideradas em si mesmas, porém, há outras paixões que Santo Tomás vê como as principais, e que serão abordadas na sequência deste trabalho.

contra *si mesmo*, contra a *verdade* e contra algo em *universal*. Sobre o ato de alguém odiar a si próprio, o Aquinate argumenta que tal coisa não é possível de maneira absoluta, mas apenas de maneira acidental. Pois, absolutamente falando, amamos apenas aquilo que é um bem, e, naturalmente, aquilo que desejamos é sempre um bem e não um mal, de modo que, nesse sentido, podemos apenas nos desejar o bem e, portanto, nos amar. Contudo, em sentido acidental, nos odiamos quando queremos, a nós mesmos, um mal tido como bem, o que nos faz odiarmos acidentalmente. O mesmo ocorre, por exemplo, num ato de suicídio, no qual se apreende a morte - um mal absolutamente - como um bem relativo, do que decorre que um suicida, portanto, ao atentar conta a própria vida, o faz considerando que esse ato pode lhe trazer o bem e não o mal (e, assim, o faz apenas odiando-se acidentalmente). Por outro lado, o ódio pode, sim, ser direcionado à verdade, não de maneira geral, pois a verdade é comum a todas as coisas, mas de maneira particular, no sentido de que certa verdade pode causar algum prejuízo a quem a apreende. Assim como pode se voltar, também, a algo em universal, como um ladrão ou caluniador ou como "o lobo se opõe à ovelha e por isso esta o odeia universalmente" (ST I-II, q. 29, a. 6)[29].

Do ódio a um objeto tido como nocivo ou repugnante decorre a paixão subsequente, que se define pelo afastamento, por parte do paciente, do objeto apreendido como um mal. Assim como o ódio é a paixão

29 Santo Tomás recorda, neste ponto da q. 29, a. 6, a distinção que Aristóteles faz entre ira e ódio, segundo o qual "a ira sempre é relativa ao singular; o ódio, porém, pode se referir ao seu objeto, genericamente".

oposta ao amor, tal paixão se opõe à concupiscência. Tomás, na q. 30 da *Suma Teológica*, menciona somente que essa paixão oposta não possui nome, apenas "estando para o mal como a concupiscência para o bem" (ST I-II, q. 30, a. 2). Echavarría (2016, p. 55), contudo, denomina essa paixão como *aversão*, a quem seguem outros comentadores que se debruçaram sobre o tema das paixões da alma na obra do Doutor Angélico, como White (2002, p. 108) e Lombardo (2011, p. 36). Assim, seguimos esses pesquisadores e convencionamos trata-la, de fato, como *aversão*.

Encerrando o exame das paixões próprias do apetite concupiscível, segue-se, enfim, a paixão da *dor*. Como há sempre uma oposição entre as paixões, podemos entender a dor como paixão oposta ao prazer. Se neste há uma mescla entre a união com o bem deleitável e a percepção desta união, naquela há o inverso: ausência de união – pois há a ausência do bem, como visto anteriormente – e percepção desta ausência, resultando relativamente, assim, na dor por "repouso no mal". Assim como há uma diferença entre concupiscência natural e não-natural[30] e prazer e alegria[31], o mesmo também ocorre, segundo Santo Tomás (ST I-II, q. 35, a. 2), entre *dor* e *tristeza*. Dor é propriamente a paixão da alma sensitiva que gera a transmutação corpórea consecutiva a ela e, por isso, ocorre tanto nos animais como nos homens, enquanto tristeza é uma dor, mas uma dor que decorre de uma apreensão interna acerca da ausência do bem, e que, assim

30 Cf. p. 60.
31 Cf. p. 62.

como a alegria, é acompanhada da razão, e, portanto, própria apenas ao ser humano[32].

Como as paixões do apetite concupiscível se voltam para um ente considerado absolutamente, isto é, sem incitar algum tipo de combatividade como se dá no apetite irascível, mas visando apenas o repouso, ou não, do paciente neste objeto, a dor pode ser entendida, também, como a paixão "que surge diante do mal que não se pode combater" (ECHAVARRÍA, 2016, p. 55). Em relação a esta paixão, Tomás (ST I-II, q. 35, a. 4) ainda lhe propõe diversas características ou atributos, como o fato de a dor não ser universalmente contrária ao prazer, isto é, em todos os casos. Com isso, o Doutor Angélico argumenta que a contrariedade entre tristeza e prazer se dá especificamente em relação ao objeto ao qual eles se relacionam. Se, contudo, tratarmos de uma tristeza e um prazer relativos a objetos contrários entre si, não só não haverá oposição entre essas paixões como haverá, na verdade, semelhança. De qualquer modo, os efeitos da tristeza são sempre danosos[33], sendo alguns deles a nocividade ao corpo, o ofuscamento da razão e o impedimento das operações.

Um dos aspectos mais interessantes a respeito desta paixão, porém, e que mais pode beneficiar um estudo em

---

32 Lombardo (2011) lembra que Santo Tomás, na q. 35, a. 2, distingue prazer da alegria por ser esta decorrente de uma "apreensão interna", fazendo com que essa terminologia, neste caso, também indique a tristeza como própria do apetite intelectivo, uma vez que a alegria é inconfundivelmente descrita, em outros termos, como pertencente à esfera racional do ser humano.

33 Mesmo que estas paixões não sejam contrárias sob certos aspectos, os *efeitos* da tristeza e do prazer sempre o são, uma vez que "este conforta a natureza animal e aquela, de certo modo, a molesta" (ST I-II, q. 35, a. 4, ad. 3).

psicologia como o que aqui intentamos realizar, se refere à distinção que o Aquinate traça a respeito das suas diferentes *espécies*, seguindo São João Damasceno. Segundo Santo Tomás (ST I-II, q. 35, a. 8), diz-se que um determinado objeto é espécie de um gênero por ter algo que, apesar de estranho, pode se lhe aplicar, como, por exemplo, carvão e chama se aplicam ao fogo, e a astrologia e a perspectiva se aplicam à matemática. Assim:

> O objeto próprio da tristeza é o mal próprio. Por onde, o objeto estranho à mesma pode ser considerado ou quanto a um só desses elementos, que será então o mal, mas não própria; assim, a *misericórdia* é a tristeza causada pelo mal alheio, considerado, contudo, como próprio. Ou quanto a ambos, porque não se refere então nem ao que é próprio nem ao que é mal, mas, ao bem alheio, considerado, contudo, como mal próprio; e tal é a *inveja*. – E quanto ao efeito próprio da tristeza, consiste numa certa aversão do apetite. Por onde, o que é estranho, em relação ao efeito da tristeza, pode ser considerado só relativamente a um dos elementos, ficando eliminada a aversão; e tal é a *ansiedade*, que agrava o ânimo de modo a não deixar nenhum refúgio, e por isso recebe também a denominação de *angústia*. Se, porém, esse gravame chegar ao ponto de imobilizar os membros exteriores e impedi-los de agir, isso constituirá a *acídia*, e então o que é estranho será relativo a ambos os elementos, por não ser nem aversão nem pertencer ao apetite. E por isso, e mais essencialmente, se diz que a acídia trava a voz, pois esta é, de todos os movimentos exteriores, o que exprime sobretudo o conceito interior e o afeto, não só nos homens mas também nos brutos, como diz Aristóteles (ST I-II, q. 26, a. 1)[34].

34 Essa distinção mais aprofundada a respeito das espécies de tristeza se mostrará importante para o estudo das virtudes humanas, abordado nos capítulos seguintes.

Essas são, então, as paixões do apetite concupiscível, movimentos da alma consecutivos à apreensão de um ente considerado em si mesmo, de maneira absoluta, e à consequente operação desse apetite. Além destas, Santo Tomás nos fornece mais cinco espécies de paixões pertencentes, por sua vez, ao domínio do apetite irascível. São elas: a *esperança*, o *temor*, a *audácia*, o *desespero* e a *ira*. Vejamos o que o Aquinate expõe a respeito delas no seu Tratado das Paixões.

1.4.2 Paixões do apetite irascível

As paixões desse apetite, diferentemente das do concupiscível, se dão diante da apreensão de um objeto tido como *árduo*. Tal arduidade pode ser compreendida como a ausência do bem que se apetece, por haver algum tipo de impedimento em obtê-lo, ou pela presença de um mal iminente do qual se há alguma dificuldade em escapar (o que configura, também, certa ausência de um bem deleitável, uma vez que, como já demonstrado, o mal ocorre por contrariedade ao bem oposto). Para exemplificar a diferença entre um bem árduo e um bem absoluto, de modo a afastarmos qualquer confusão a respeito da natureza de tais paixões, podemos imaginar o seguinte: quando desejamos comer e imediatamente avistamos um alimento facilmente acessível, "padecemos" pela simples concupiscência que é gerada por aquele alimento, da qual logo resultará o prazer em unir-se a ele. Não há, aqui, qualquer dificuldade, o que faz com que consideremos tal bem, o alimento, apenas por si mesmo. Entretanto, se algum empecilho se impuser ao ato de apetece-lo, dificultando o posterior deleite, é o apetite irascível que é mobilizado a fim de torna-lo possível.

Desse modo, já podemos esclarecer a primeira das paixões consequente a esse apetite: a *esperança*. Se temos fome e não podemos nos deleitar com algum alimento, naturalmente ficamos esperançosos em possuir este bem ausente. A esperança se constitui como primeira paixão do irascível em razão de, como continuamente recorda Santo Tomás (ST I-II, q. 40, a. 1), intrinsecamente nos inclinarmos apenas ao que entendemos como um bem. Assim, se não podemos obtê-lo – pois, se pudéssemos, teríamos o prazer -, temos, nesse caso, a esperança. Para Santo Tomás (ST I-II, q. 40, a. 1), portanto, a esperança é caracterizada por se voltar a um bem *futuro*, *árduo* e *possível*. E como causa da esperança, o que também já podemos admitir como um certo remédio para os sofrimentos da alma que a psicologia tomista procura tratar, o Aquinate aponta a *experiência*. Para ele, adquirir um conhecimento prático, tácito, das experiências humanas é razão fundamental e necessária para enfrentar, com esperança, as dificuldades da vida, durante a qual nos deparamos muito mais com bens árduos e futuros do que absolutos e presentes. Por isso que, citando Aristóteles, "alguns se veem cheios de esperança por terem vencido muitas vezes e muitos" (ST I-II, q. 40, a. 5)[35].

Diferentemente das paixões do apetite concupiscível, que se opõem entre si apenas por possuírem termos distintos, as paixões do irascível também possuem seus contrários, mas, nesse caso, pelo acesso e pelo afastamento em relação ao mesmo termo (ST I-II, q. 23,

35 A experiência, para Echavarría (2021, p. 299), possui papel crucial no desenvolvimento de virtudes, finalidade do ser humano, como será visto posteriormente neste trabalho.

a. 2). Assim, neste sentido, o contrário da esperança é o *desespero*, que se dá não pela possibilidade de se unir ao bem deleitável, mas quando este é "considerado como impossível de ser obtido, provocando uma repulsa" (ST I-II, q. 40, a. 4). Assim, o desespero, como paixão, também se volta para o bem, mas o bem futuro e *impossível*. Por conseguinte, o paciente desta paixão se afastará da "coisa desejada por causa da impossibilidade conhecida de a alcançar" (ST I-II, q. 40, a. 4, ad. 3).

Em contrapartida, quando se considera o objeto apreendido como um mal, capaz de causar certo perigo próximo, tem-se duas paixões que se manifestam dependendo de como esta ameaça é avaliada, se possível de ser vencida ou não. Ao primeiro caso, Santo Tomás (ST I-II, q. 45, a. 1) associa a paixão da *audácia*, também denominada por ele como *coragem*. Essa paixão surge frente a um mal passível de conquista e, dessa forma, a audácia "afronta o perigo iminente, por causa da sua vitória sobre o próprio perigo" (ST I-II, q. 45, a. 1). E como a audácia intenta superar o mal iminente para que disso se alcance o bem contrário, esta paixão será sempre resultante da esperança, pois, não se vislumbrando a possibilidade de superação, não há como se agir audazmente para obtê-la.

Como oposto à audácia em relação à proximidade ou distanciamento do objeto, está a paixão do temor, decorrente do mal futuro a que não se pode resistir. Santo Tomás (ST I-II, q. 41, a. 1) atribui grande relevância a esta paixão por, em primeiro lugar, ser uma paixão *propriamente*, isto é, por, assim como a tristeza, ocorrer conjuntamente à presença de uma nocividade, fazendo com que o ato de padecer, próprio das paixões, se dê, nesse caso, de maneira ainda mais plena sob o que o Aquinate entende como uma paixão da alma[36]. Somando-se a isso, dentre as diversas considerações que Tomás (ST I-II, q. 42, a. 3) faz a respeito do temor, convém assinalar que, para ele, tememos apenas um mal extrínseco, que se encontra fora da alçada própria de domínio, como, por exemplo, o ato de ser seduzido a um pecado, o que depende de um agente exterior. Nesse caso, porém, não se poderia temer o mal da própria culpa ao se deixar tentar pela sedução, pois a culpa pertence unicamente à alçada da própria vontade humana (e, portanto, não considerada como árdua ou inevitável).

Além disso, Santo Tomás (ST I-II, q. 41, a. 4) descreve certas características do temor, assim como faz com as da tristeza, que evidenciam a relevância - muitas vezes esquecida - do seu pensamento para as ciências comportamentais contemporâneas. Primeiramente, o Aquinate sistematiza, a partir do pensamento de Damasceno, vários *tipos* de temor: quanto à operação humana, pode-se temer o trabalho, causando *indolência*, a má opinião dos outros, gerando *pejo*[37] pela eventual consecução de um ato que gere má opinião, e *vergonha* quando se trata de um ato já cometido; quanto a causas externas, o mal futuro pode gerar o temor da *admiração*, quando se trata de algo grandioso, do *estupor*, consequente a um mal insólito, e da *agonia*, que se volta a um mal imprevisto.

Por fim, a paixão do temor desencadeia efeitos corpóreos que lhe são inerentes e claramente

36 Cf. p. 56, sobre a distinção que Tomás faz a respeito dos significados mais ou menos próprios de paixão.

37 Pode ser entendido, atualmente, como timidez.

inconfundíveis, e que nos lembram da importância essencial que as transmutações do corpo possuem para a caracterização das *passione animae*, uma vez que "nas paixões da alma, o elemento formal é o movimento mesmo da potência apetitiva, assim como o material é a transmutação corpórea, sendo um desses elementos proporcionado ao outro" (ST I-II, q. 44, a. 1). São eles a *contração* e o *tremor*, que, embora, para Santo Tomás (ST I-II, q. 44, aa. 1,3), causem certa paralisação, não são capazes, todavia, de impedir absolutamente a livre operação da razão. E assim, temos que "a busca do bem é própria da esperança; a fuga do mal é própria do temor; a busca do mal aterrorizante pertence à coragem, e a fuga do bem, ao desespero" (ST I-II, q. 45, a. 2).

Por último, o Doutor Angélico (ST I-II, q. 46, a. 1) nomeia a décima primeira paixão da alma, também consecutiva ao apetite irascível – e de onde, justamente, surge o seu nome. Trata-se da *ira*, paixão cujo termo é duplo: o objeto em si e aquele a quem se deseja o objeto. Neste sentido, a ira é descrita como uma paixão própria do ato de *vingar-se*, de modo que:

> Quem está irado procura vingar-se. Por onde, o movimento da ira tende para dois termos: para a vindicta em si, que deseja e espera, como um bem, provindo daí o deleite; e para aquele de quem quer tirar vingança, como alguém que lhe é contrário e nocivo, o que implica a noção do mal (ST I-II, q. 46, a. 2).

Assim, a ira guarda, em si mesma, a própria contrariedade dos objetos, se voltando simultaneamente tanto para algo visto como um bem, como para algo visto como um mal, o que faz com que ela não tenha uma paixão contrária, uma vez que os opostos já estão encerrados nela. Semelhantemente à tristeza e ao temor, a ira possui, para Santo Tomás (ST I-II, q. 46, a. 8), diversos *tipos* e nomes diferentes, também assinalados inicialmente por São João Damasceno e São Gregório de Nissa, todos tendo por base o modo como se dá a *intensificação* dessa paixão: àqueles que se iram facilmente, dá-se o nome de *fel*; àqueles que se iram por tristeza e assim permanecem por longo tempo, dá-se o nome de *mania*; e em relação àquilo que o irado deseja – a vingança -, tem-se o nome de *furor*, que não é aplacado enquanto não se pune[38].

1.4.3 As paixões principais

Além da descrição das onze paixões da alma, elaborada, neste trabalho, nos tópicos anteriores, o Aquinate[39], em seu estudo acerca do tema, ainda procura responder a um relevante questionamento: há certas paixões da alma que são mais importantes que as outras? Se sim, quais e por quê? Convém lembrar, inicialmente, que Santo Tomás (ST I-II, q. 25, a. 2) distingue a ordem das paixões pelo seu caráter de execução e de intenção[40]. Porém, entre estes, a intenção é sempre predominante, pois o apetite se volta, isto é, o seu movimento se executa, unicamente em função daquilo que se intenta possuir. E o ato de possuir um objeto considerado como bem (ou considerado como mal quando da sua ausência) gera, como vimos, a alegria e a tristeza. Disso resulta que:

38 Segundo Aristóteles (*Ét. Nic.*, 1126a), os irados podem ser *agudos*, *amargos* e *difíceis*, correspondendo, para Tomás (2016), respectivamente a esses três tipos de ira.
39 ST IaIIa q. 25, a. 4; IaIIa q. 84, a. 4, ad. 2; De Veritate q. 26, a. 5.
40 Cf. p. 59.

> As outras paixões do concupiscível pressupõem a alegria e a tristeza, ao modo de causa, pois o bem do concupiscível se torna amado e desejado, porque é apreendido como deleitável, porém o mal se torna odioso e a ser evitado, enquanto é apreendido como o que entristece. E, assim, segundo a ordem do apetecer, a alegria e a tristeza são anteriores, ainda que na ordem do executar sejam posteriores (QDV, q. 26, a. 5).

Destarte, Tomás (QDV, q. 26, a. 5) expõe de forma clara que as paixões da *alegria* e da *tristeza* são as principais, deixando as demais em um plano secundário por não serem as primeiras. Contudo, há ainda que se considerar, como o Aquinate o faz, a existência de dois apetites diferentes, o concupiscível e o irascível, o que faz com que possa haver outras paixões principais segundo o gênero do apetite. Nesse caso, dentre as paixões do apetite irascível, o *temor* e a *esperança* seriam as principais, pois, embora ainda resultem, mais amplamente, da noção de alegria e tristeza, considerando-se apenas o seu próprio apetite elas são as anteriores. Por conseguinte, "resta que são apenas quatro as paixões principais: a alegria, a tristeza, a esperança e o temor" (QDV, q. 26, a. 5). Tal distinção feita por Santo Tomás se mostrará importante quando considerarmos a ética como elemento central da sua psicologia, uma vez que a consecução de virtudes ou de vícios se faz mediante a *intenção* do agente humano, que deve estar sempre orientada para a sua finalidade[41].

1.5 A importância das paixões da alma para a psicologia

Para Lombardo (2011, p. 49), esse sistema desenvolvido por Santo Tomás de Aquino, sobretudo no

41 O tema será melhor abordado no capítulo 4.

que diz respeito à nomeação das onze paixões da alma, é original, devendo ser, com justiça, creditada ao Doutor Angélico a sua criação. Embora o autor também associe aos escritos de La Rochelle, teólogo francês do século XIII, a presença dessa mesma taxonomia, Santo Tomás ainda é titular dessa originalidade pois sua concepção das paixões se distingue da do pensador francês quanto aos seus princípios metafísicos e de classificação.

Tal concepção embasou o desenvolvimento de boa parte das teorias psicológicas contemporâneas que possuem orientação cognitiva. Isso se deveu sobretudo ao trabalho realizado por Magda B. Arnold, psicóloga checo-canadense que, na metade do século passado, contribuiu decisivamente para a teoria das emoções ao sugerir que estas seriam um produto da avaliação cognitiva que fazemos de um objeto e da intenção que, nessa avaliação, lhe conferimos. A intencionalidade[42], como vimos, é um dos componentes mais importantes da teoria tomista das paixões, e assim:

> Arnold considerou o tomismo particularmente relevante para a teorização das emoções e isso a ajudou a articular a pioneira teoria da avaliação, que anteviu e influenciou as teorias cognitivas que caracterizam a pesquisa moderna em emoções (RODKEY, 2015, p.4).

Até o momento, pudemos expor detalhadamente aquilo que compõe, para Tomás, a dimensão sensitiva da alma humana: seus aparatos cognitivo e apetitivo e, mais

42 A intencionalidade de um objeto, amplamente descrita por Tomás ainda no século XIII, é captada pela *cogitativa*, um dos sentidos internos da estrutura cognitiva humana, sendo, assim, um fator que veio a ser comum a muitas teorias cognitivas modernas.

centralmente, as paixões da alma, cuja conceituação, como mostrado acima, exerceu influência considerável no pensamento contemporâneo acerca das emoções. Contudo, ao passo que essas últimas teorias procuram se limitar, na maioria das vezes, ao domínio sensorial do homem, Santo Tomás, por outro lado, enfatiza, no conjunto da sua psicologia, o aspecto moral das paixões e a sua relação com a inteligência e a vontade.

Capítulo 2
INTELIGÊNCIA E VONTADE: O CENTRO DA PERSONALIDADE

Quando se pensa em psicologia humana, é muito comum relacioná-la quase que inerentemente ao conceito de *emoção*, que muitas vezes se reduz à ideia segundo a qual o ser humano possui, simplesmente, emoções positivas e negativas, as primeiras proporcionando certo prazer e bem-estar e as segundas implicando algum grau de sofrimento. A emoção da alegria, por exemplo, quase que automaticamente é vinculada a noções como conforto e paz, enquanto a da tristeza, por outro lado, é associada frequentemente a desgosto e desprazer, e, portanto, dever-se-ia sempre fugir do desconforto e buscar o contrário[43].

Para as diferentes escolas psicológicas da atualidade, emoção, como visto, diz respeito a uma nomenclatura moderna genericamente equivalente ao que o Aquinate trata como *paixão*[44]. E, para Santo Tomás, as paixões da alma – ou as emoções como entendidas hoje em dia -, embora sejam parte da manifestação sensorial

---

43 Freud solidificou a visão segundo a qual vivemos em função de buscar o prazer e escapar do sofrimento. Como, para ele, a felicidade se reduz à obtenção do primeiro, o que não ocorre sempre, a felicidade se torna "possível apenas como uma manifestação episódica" (FREUD, 2006, p. 84).

44 Cf. p. 55.

do comportamento humano, com todas as suas espécies e subespécies, não são, absolutamente, tudo ao que a psicologia se reduz. Ao contrário, as paixões só podem ser compreendidas em toda a sua extensão e, por conseguinte, adequadamente avaliadas, quando inseridas em um conjunto mais amplo de potencialidades humanas que, além de serem hierarquicamente superiores, são, justamente por isso, o que lhes dá qualidade e, portanto, lhes determina algum valor. Sem estas faculdades, as paixões são simples fenômenos automatizados, mecânicos, que respondem a um certo instinto natural e nada mais que isso.

Ora, restringir-se ao que orienta o próprio instinto é algo plenamente normal e esperado para um animal, como um cão ou uma ovelha, mas não para o homem. Diferentemente de qualquer outro ser vivo, o ser humano detém duas qualidades que lhe são inerentes e exclusivas, chamadas *inteligência* e *vontade*, esta última também denominada por Tomás (ST I, q. 80, a. 2) como *apetite intelectivo*. Ademais, é importante lembrar que a psicologia se define, essencialmente, como o *estudo da alma*, uma ciência cujo início, como visto no capítulo anterior, pode ser creditado à obra *De Anima*, em que Aristóteles estabelece os diferentes tipos de alma dos entes que possuem vida e, a depender da complexidade da alma, suas diversas potências e a capacidade que um ente possui de atualizar certa propriedade.

Assim, como o homem possui a potência intelectiva em sua alma – por isso mesmo chamada de alma intelectiva -, necessariamente conclui-se que uma atividade que tenha por objeto o estudo da alma humana deve incluir, em seu escopo, tudo o que diz respeito a funções de tal natureza. E, mais do que isso, deve distingui-las dentre as demais, salientando que tais potências se encontram num degrau ontologicamente superior dentro da unidade corpo-alma que compõe o ser humano. A superioridade do intelecto frente às potências sensitivas vistas até aqui é evidente ao se refletir sobre a sua função, que é a de nos fazer conhecer a natureza dos entes, permitindo-nos ter um acesso maior à realidade ao entende-la como uma unidade inteligível e com significado, ao invés de fragmentada e sem sentido. Assim, como afirma Aristóteles na *Metafísica*, "de todas as coisas compostas de partes, cujo conjunto não é como um montão, mas algo além das partes, existe uma causa da unidade" (1045a).

Com essa conhecida afirmação, o Estagirita demonstra que, para além dos entes particulares que nossa cognição sensível apreende através dos sentidos externos e internos, existe um todo que lhes ultrapassa e que, justamente, lhes confere inteligibilidade, um todo que, por causa disso, está acima das partes. Do mesmo modo, se este *universal* é superior em relação aos particulares, a potência da alma que o apreende também é maior que a potência sensitiva correspondente, do que decorre que o intelecto e toda a sua dimensão intelectiva – onde também reside a vontade – são mais elevados. No desenvolvimento da psicologia humana, conforme entende Santo Tomás de Aquino, essa subordinação do particular ao universal e, consequentemente, do aparato sensitivo ao intelectivo, é premente[45]. Tal entendimento é fundamental pois:

---

45 Por essa razão, optamos por abordar as faculdades intelectivas e suas atribuições em capítulo próprio.

> Isso [o intelecto] permite ao homem chegar ao conhecimento dos indivíduos e, sobretudo, das pessoas, *para além de sua utilidade*. O animal está como que encerrado na ordem de suas necessidades vitais, e não percebe as coisas prescindindo de seu significado biológico imediato. O homem, em contrapartida, graças ao seu intelecto, é capaz de transcender o âmbito do imediato, e de contemplar a realidade em sua essência. Com isto, abre-se o caminho para as relações autenticamente humanas, e para a busca de um bem que supera a ordem do útil ou prazeroso, e põe-se de manifesto o destino transcendente da pessoa humana. Isto é fundamental para a formação de um caráter são (ECHAVARRÍA, 2021, p. 151).

Como o "melhoramento do caráter"[46] do homem é o objetivo ao que se propõe a psicologia como prática, podemos, inequivocamente, colocar a inteligência, dentre as potências do homem, como o elemento central da formação desse caráter e, por consequência, da própria personalidade humana, pois "o intelecto pode captar a *razão de fim*, a qual contém em si todos os fins particulares, e, em função de fim, ordenar a ação, juntamente com a vontade" (ECHAVARRÍA, 2021, p. 153).

E se, enfim, o intelecto é, por um lado, responsável por guiar a configuração do caráter humano, e tendo em vista que, por caráter, entendemos o conjunto de hábitos *bons* ou *ruins* que moldam a nossa personalidade – os quais, por outro lado, são frutos inicialmente da inclinação dos nossos apetites -, segue-se que a psicologia humana não pode ser reduzida à sua esfera sensorial, mas nem tampouco à sua dimensão intelectiva, em que pese esta se encontre em um patamar superior. Ao contrário, ao mesmo

46 Cf. p. 38.

tempo em que uma dessas instâncias está subordinada à outra, toda a complexidade do comportamento humano se dá não na sua compartimentalização, mas, precisamente, na relação indissociável que uma possui com a outra. Assim, de modo a delinearmos essa complexidade e a podermos entender, posteriormente, qual é o caráter que Santo Tomás de Aquino busca suscitar para que o homem possa atingir a sua finalidade, devemos elucidar questões como: de que modo operam as funções intelectivas do ser humano e como se dá essa relação entre elas e as paixões da alma?

2.1 O INTELECTO

A centralidade do intelecto na personalidade humana vem sendo concebida desde, pelo menos, Platão e, em alguns aspectos, seus predecessores pré-socráticos. A ideia de uma certa "entidade" capaz de, não só pensar, mas ser ela mesma o *próprio* pensamento e, além disso, de dirigir o pensamento nas almas particulares, foi longamente tratada pelos filósofos gregos. Segundo Menn (1992, p. 558), o fundador da Academia, em particular, e, posteriormente, seu discípulo Aristóteles, ao se ocuparem do termo *nous*, estão procurando descrever a existência de uma inteligência universal que atua como princípio para a inteligibilidade dos entes e que também os *governa* e *ordena*.

Desse modo, se em tudo há uma inteligibilidade e uma ordem, devemos poder, também, acessá-las mediante a nossa compreensão. Não se trata, contudo, de uma compreensão singular, restrita aos elementos particulares e imanentes de cada ente. Como o fundamento desta inteligibilidade é universal, também o nosso entendimento de certas coisas deve se processar de modo a transcender o que é particular, ampliando-se, assim, para aquilo que é universal e que, portanto, ordena universalmente tudo o que é[47]. Tal operação se dá porque "após a experiência de um certo número de instâncias particulares, a mente apreende uma verdade universal que a partir de então e daí para frente é vista como auto-evidente" (ROSS, 1996 apud MOTA, 2014, p. 196).

Referimo-nos, aqui, aos *princípios universais*:

> Para Aristóteles, devemos, destarte, possuir uma capacidade de adquirir este conhecimento. Esta capacidade primitivamente está presente em todos os animais na forma de uma capacidade discriminatória conhecida como *percepção*. Esta está presente em todos os animais, mas apenas alguns a retém, no que conhecemos como *memória*. Quando esta retenção não está presente, não existe conhecimento além do perceber. Para aqueles que possuem memória, no entanto, quando a percepção de determinado fenômeno se repete e, se repetindo, se acumula, forma-se a *experiência*. Desta experiência surgem, daquilo que se separa dos diversos e daquilo que é o mesmo nos diversos, os *universais*. Daí também surge a diferença presente nos modos de conhecimento já apresentados, daqueles que são práticos, que supõem uma habilidade, e daqueles que são teóricos, que supõem entendimento. Nossos estados de conhecimento, portanto, não vêm de nós mesmos nem derivam de outros estados mais cognitivos, mas vêm originalmente da percepção das experiências até que, numa espécie de embate, como nos exemplifica Aristóteles, a experiência mais forte, aquilo que é mais universal e certo, prevaleça (MOTA, 2014, p. 196).

47 "Tudo o que é" deve ser entendido como "todo ente".

Santo Tomás, posteriormente, viria a aprimorar essa conceituação e, sobretudo, contribuir grandemente para o entendimento do processo segundo o qual ocorre o que, aqui, chamaremos de *intelecção*, isto é, a abstração desses universais a partir da experiência inicial dos sentidos, e que veremos na sequência deste trabalho. De início, assinalamos apenas o que é de fundamental importância para a compreensão do pensamento do Aquinate e, desse modo, para o presente estudo: o intelecto humano é capaz de entender verdades universais que o transcendem e, assim, como afirma Kenny (1993, p. 47), importante comentador da filosofia da mente em Tomás de Aquino, apenas o ser humano consegue criar conceitos sobre coisas, falar sobre coisas e obter conhecimento científico sobre coisas, e isso porque "o intelecto é o poder que os seres humanos, diferentemente de outros animais, possuem de adquirir informação abstrata pela experiência sensorial" (KENNY, 1993, p. 47).

Dito isso, vejamos, então, o que de fato Santo Tomás de Aquino nos indica a respeito da constituição do intelecto humano partindo de algumas de suas propriedades, cuja compreensão, como observado, será determinante para a elaboração mais ampla da psicologia do homem, de perspectiva aristotélico- tomista, que aqui pretendemos realizar.

2.1.1 A inteligência como operação própria

A primeira questão sobre a qual devemos nos deter, portanto, é a que examina a *natureza* da inteligência como faculdade humana, o que se entende, como vimos, a partir do fato de inteligirmos não espécies corpóreas, mas espécies que são abstraídas destas. Diferentemente dos entes de alma sensitiva, como os animais, nos quais o aparato cognitivo se restringe ao domínio sensorial – isto é, os sentidos, já estudados no capítulo anterior -, no homem encontramos, além desses órgãos, pertencentes exclusivamente ao corpo, uma potência de ordem imaterial, que "*é de certa forma unida ao corpo – mas sem que seja por ele totalmente abarcada e sem que esteja nele imersa*[48], como ocorre com as outras formas materiais" (QDA, q. 2).

Santo Tomás, na questão 14 da mesma obra, as *Questões Disputadas sobre a Alma*, examina esse tópico, refletindo sobre o que Aristóteles afirma no livro III do *De Anima* a respeito do ato da inteligência. Para ele, o "inteligir" não pode ser um ato de origem corporal, e, para melhor comprovar isso, traça um paralelo entre este tipo de cognição e a cognição dos sentidos: em primeiro lugar, explica o Aquinate, deve-se entender o pressuposto de que nenhum órgão (que ele compara a um "recipiente") pode *conter o que é recebido*, de modo que a pupila, por exemplo, não possui a natureza daquilo que ela recebe, que é a cor. Do mesmo modo, visto que o intelecto é capaz de conhecer todos os entes e que todos os entes possuem, em algum aspecto, natureza sensitiva, conclui-se que ele mesmo não pode ter, também, tal natureza, sendo, portanto, "impossível que sua operação, que é o inteligir, seja exercida por algum órgão corporal. Donde transparece que o intelecto possui operação *per se*, na qual não se comunica com o corpo" (QDA, q. 14).

48 Itálico nosso.

Essa característica da inteligência humana, de operar por si mesma sem estar *inteiramente* imersa na matéria, resulta em outra propriedade que lhe é inerente e que nos será muito cara de agora em diante: a capacidade do intelecto em apreender coisas que não são apenas singulares, próprias da dimensão sensitiva observada pelos sentidos externos e internos, como cor e som, e que se restringem ao "aqui e agora", mas coisas que *transcendem a matéria* e que, assim, são *incorruptíveis*. Isso porque, por ser dotado de imaterialidade, "o intelecto é receptivo das coisas no universal, modo segundo o qual não lhes recai corrupção" (QDA, q. 14).

2.1.2 Os universais

Para melhor entender como se dá o ato da inteligência, vamos, primeiro, definir o que são "coisas no universal" ou, simplesmente, um "universal". Como já demonstramos há pouco, os nossos sentidos corporais são capazes de apreender as espécies sensíveis de cada ente, ou seja, aquilo que, no ente, possui natureza sensitiva, puramente material, e que de tal maneira se apresenta a esses órgãos. Exemplos disso são a cor e o som. Tais espécies são sensíveis pois se relacionam diretamente com o que, dentro da teoria das quatro causas de Aristóteles, se chama *causa material*[49], que determina o ente do ponto de vista da sua configuração material. A causa material do homem, por exemplo, é o seu corpo, com seus átomos, células, órgãos, etc. Essa dimensão, por ser causada pela matéria, é, assim, uma dimensão *sensível* àquilo que, em

49 Cf. p. 32.

nós, também é material - os sentidos -, sendo, portanto, a causa material a razão da sua *sensibilidade*.

Há, contudo, outra determinação causal para os entes, também presente na referida teoria aristotélica: a *causa formal*. Esta última não é causa da sensibilidade das coisas, mas, sim, da sua *forma*[50]. Pensemos em um objeto que fosse constituído puramente de causa material, apenas um amontoado de átomos ou moléculas, sem mais nada que o determinasse além disso. Nesse caso, não conseguiríamos atribuir nenhum tipo de significado a ele, pois sequer haveria algo que o definisse, uma vez que a matéria, por si mesma, não possui essas atribuições. O que, então, engendra essa determinação é, justamente, a sua forma, por ser esta aquilo que *possui o ser* de cada ente. Lembramos, aqui, que, nos seres animados, a forma é o mesmo que a alma.

Ora, algo "ser" alguma coisa também implica inevitavelmente a necessidade de este algo – o ente – *ser alguma coisa e não outra*, distinção sem a qual ficaríamos impossibilitados de definir tudo aquilo que nossos sentidos captam e que contrariaria a própria noção do "ser". É isto que Santo Tomás, em *O Ente e a Essência* (I, 5), seguindo Aristóteles[51], define como a *essência* dos entes: aquilo que, a partir da sua forma, faz algo ser *o que o algo é* (e não outra coisa). Tal definição foi descrita pelo Aquinate como a *quididade*[52], por ser a resposta que se dá à pergunta: "o que é?" ou, em latim, "*quid est?*".

---

50 Cf. p. 41.

51 Santo Tomás também recorda nesta passagem que, para Aristóteles, a definição de essência é descrita de forma muito interessante e *sui generis*, de modo que, sobre essência, "isto é o que o Filósofo denomina frequentemente "aquilo que algo era ser" (I, 5).

52 Para melhor compreensão ao longo do texto, optaremos por manter o uso do termo *essência*.

Assim, o mais importante é percebermos que essa pergunta se *inicia* voltada para algo singular, mas *não se reduz* a ele. Ao nos depararmos com qualquer coisa, como uma comida ou um animal, e perguntarmos "o que é isto?", a resposta que obtemos – a essência – *não se restringe àquele ente em particular* (esta comida ou este animal), mas, ao contrário, ela é *compartilhada por todos os entes da mesma espécie*. Assim, a essência de ser humano vale para todos os seres humanos, assim como a dos demais exemplos citados. Isto é o que Santo Tomás (QDA, q. 14) chama de *universais*, que, por transcenderem a matéria onde cada um deles está individuado, são incorruptíveis.

2.1.3 O processo de intelecção

Destarte, estabelecemos os pressupostos necessários para bem compreendermos a operação do intelecto. Quando os órgãos dos sentidos se deparam com algo que é visto ou ouvido, as espécies sensíveis ali contidas automaticamente "incidem" sobre esses órgãos, atualizando as potências cognoscitivas sensíveis e produzindo um conhecimento sensorial: a cor, o som, etc. Porém, ao homem surge, ainda, uma pergunta: "o que é isto que eu vejo?" ou "o que é isto que eu ouço?". E é isso o que o processo de intelecção procurará trazer à nossa compreensão: a *essência* universalizável de cada coisa, mediante uma certa "limpeza" das espécies sensíveis apreendidas inicialmente. Para que isso possa ocorrer, é necessário que desse ato de inteligir participem não apenas uma forma de intelecto, mas *duas*. Isso porque um instrumento que unicamente *receba* as espécies inteligíveis

– o que equivaleria à recepção da cor pela visão, por exemplo – não é suficiente para a intelecção acontecer. Antes disso, é preciso que as espécies inteligíveis *apareçam* à nossa inteligência, uma vez que, se elas transcendem a matéria, como foi dito, elas estão inicialmente "escondidas" aos nossos sentidos.

Santo Tomás (ST I, q. 79, a. 3), assim, estabelece a necessidade de um *intelecto agente*, que é responsável por tornar as formas - que estão "por trás" da matéria - e, portanto, as essências, não mais inteligíveis em potência, mas em ato[53]. Assim como a luz nos permite enxergar as coisas sensíveis, ele nos permite ter acesso aos inteligíveis, de modo que, tomando por empréstimo uma analogia de Aristóteles, a semelhança "entre o intelecto agente e a luz está em que, assim como esta é necessária para se ver, assim aquele, para se inteligir" (ST I, q. 79, a. 3, ad. 2). Essa ação do intelecto agente, portanto, que atualiza nos entes as espécies inteligíveis, se dá por uma "abstração dessas espécies da matéria e das condições materiais" (QDA, q. 4). Assim, isso permite que as espécies sejam, de certo modo, "alcançadas" pela inteligência. Tais espécies que se tornam o meio de se inteligir são abstraídas, então, do que o Aquinate chama de *fantasmas*, que são a as representações que se formam a partir das espécies sensíveis inicialmente recebidas pelos sentidos. Dessa abstração, outra forma de intelecto, o *intelecto possível*, é, então, movida, e cuja função é, por fim, receber esses inteligíveis em *ato*.

53 Tomás (QDA, q. 4) recorda que isso é necessário porque algo em potência só se torna atualizado através de outra coisa que já esteja em ato, como a água fria que se esquenta porque a chama que o faz já está quente.

Dessa forma, com a atividade coesa de um dos intelectos "iluminando" o que se esconde atrás das condições materiais – devido ao seu aspecto imaterial - e outro que, como uma *tabula rasa*[54], é o recipiente potencial desses inteligíveis, podemos, enfim, conhecer tudo o que é *universal*. E, assim, em razão do que já foi exposto, podemos chegar a duas conclusões fundamentais para a compreensão da alma humana:

> 1. Por ser próprio da inteligência o conhecimento de certas coisas universais que não se limitam "ao aqui e agora" – isto é, ao espaço e ao tempo – e que são incorruptíveis, decorre que podemos conceber verdades *eternas*, que nos transcendem e que servem como premissas para que, a partir delas, possamos raciocinar e *passar de intelecção em intelecção*, conhecendo outras verdades. Tais conhecimentos a partir dos quais opera a razão humana são, portanto, um princípio de orientação e, por isso, os chamamos de *princípios universais*.
> 2. Como, pela intelecção, conhecemos o que é universal, assim a nossa alma intelectiva também *aspira por coisas universais*, que, como dito antes, ultrapassam a imanência do tempo e da matéria.

> Visto que o ser é apetecível segundo si mesmo, é então necessário que, num ente provido de intelecção – e que

54 Termo inicialmente empregado por Aristóteles (*De Anima*, 429b) para descrever a atuação do intelecto possível como uma espécie de "página em branco", que é preenchida toda vez que o intelecto agente atualiza um inteligível, o que permite, por sua vez, o conhecimento intelectual.

> por isso apreende o ser *simpliciter*, e não só aqui e agora – surja o apetite pelo ser *simpliciter*, e por possuí-lo todo o tempo. Donde se vê que este apetite não é vão, mas sim que o homem, segundo sua alma incorruptível, é incorruptível (QDA, q. 14).

Assim caracterizamos o ser humano segundo o entendimento do Doutor Angélico: um ser dotado de uma *alma imortal* capaz de apreender aquilo que está além de um recorte particular do tempo e do espaço. Diferentemente dos outros animais, que conhecem apenas o que está neste contorno, o ser humano assimila o que o transcende, e, como o que é transcendental está na eternidade e, portanto, não morre, ele pode conhecer, enfim, o seu sentido e a sua *finalidade imutável*.

2.2 O apetite intelectivo

Assim como a apreensão sensível dos entes é seguida por uma inclinação apetitiva de ordem sensitiva, como exposto no capítulo anterior, também a apreensão *racional* de um bem – no caso, um universal – engendra uma mesma inclinação, porém desta vez de ordem superior. Se o apetite que se segue à apreensão sensível é o apetite sensitivo, o que decorre da apreensão intelectiva é o *apetite intelectivo*, ou, então, *vontade*.

Santo Tomás (q. 22, a. 3) explica que a diferença entre e a vontade e os apetites inferiores – o natural e o sensitivo – se dá não só pelo aspecto racional do primeiro, mas pelo seu *princípio de movimento*: enquanto os apetites inferiores precisam, de algum modo, ser movidos (um animal não consegue *não* desejar algo que lhe apeteça, por exemplo), o apetite intelectivo é capaz de mover-se a si mesmo de modo a que "possa se inclinar ou não se inclinar. E, assim, a mesma inclinação não se lhe é determinada por outro, mas por si mesma. E isso, de fato, compete-lhe enquanto não se utiliza do órgão corporal" (QDV, q. 22, a. 4).

Aqui, novamente vemos o caráter de transcendência da matéria que Santo Tomás aponta a respeito do intelecto, que, para ele, não reside em nenhum órgão corporal. Se é assim com a inteligência, também o é com o apetite que lhe corresponde. Nesse aspecto da relação entre ambas as faculdades intelectivas, a apreensiva e a apetitiva, vale notar que o Aquinate (QDV, q. 22, a. 11) considera a primeira como superior à segunda em sentido absoluto, pois *possuir* as espécies inteligíveis, o que faz o intelecto, é mais importante do que *almejá-las*, papel da vontade. Em certo sentido *relativo*, porém, no que diz respeito a entender ou querer a Deus, a vontade se sobrepõe, pois, nesse caso:

> Querer é mais eminente do que entender, como querer ou amar a Deus do que conhecer, a saber, porque a mesma bondade divina está de modo mais perfeito no próprio Deus, enquanto que é desejada pela vontade, do que está participada em nós, enquanto que é conhecida pelo intelecto (QDV, q. 22, a. 11).

De qualquer maneira – e é isto que nos será mais importante aqui -, ambas as potências intelectivas operam conjuntamente, de modo que, segundo Santo Tomás (QDV, q. 22, a. 12), uma move a outra em direção ao cumprimento do seu fim. Assim, pode-se dizer que a vontade move o intelecto pois "inclina a cada uma [das potências espirituais] à sua própria operação" e o intelecto move a vontade "enquanto concebe antes a razão de fim e a propõe à vontade" (QDV, q. 22, a. 11). Ou seja, a vontade estimula o intelecto a operar para, desse modo, conhecer a verdade. E conhecendo-a, o intelecto apresenta à vontade aquele universal que foi apreendido, propondo-lho, então, como algo apetecível a ser buscado – isto é, como um *bem*.

Destarte, resta saber, como condição necessária para o posterior desenvolvimento deste estudo, se de fato o apetite intelectivo *naturalmente* se inclina para este bem, ou não. Disso dependerá o restante do que aqui apresentaremos a respeito do aprimoramento do caráter humano. Pois, para que haja uma causa final inerente à natureza humana, como propusemos anteriormente, é forçoso que seja *próprio* desta natureza realmente inclinar-se a um determinado fim. Do contrário, qualquer consideração a esse respeito será arbitrária e a "ciência do melhoramento do caráter", como a descreveu Fromm[55], impossível.

Em resposta a isso, Santo Tomás inicia a q. 22 do seu *De Veritate*, no artigo 1º, justamente com o questionamento sobre se "todas as coisas apetecem o bem". Para dizer que sim, o Aquinate nos traz uma reflexão: se todos os efeitos que ocorrem na natureza *não* estivessem ordenados segundo a sua conveniência, isso significaria que, se tais disposições e conveniências não fossem alcançadas, elas consequentemente proviriam do acaso, mas, assim sendo, ocorreriam, então, na minoria das vezes, como tudo o que acontece ao acaso. Por isso "é necessário

55 Cf. p. 38.

dizer que todas as coisas naturais estão ordenadas e dispostas a seus efeitos convenientes" (QDV, q. 22, a. 1). Tal como seres ontologicamente inferiores - como uma pedra - possuem uma ordenação que lhes implica inclinação a um determinado bem[56], assim também ocorre com o ser humano. E isso sucede em virtude daquilo que a causa eficiente imprime sobre o ser. Assim, como exemplifica o Aquinate, "uma flecha se dirige para o alvo que pretende o arqueiro", e por isso:

> Como todas as coisas naturais estão inclinadas para os seus fins com certa inclinação natural pelo primeiro motor, que é Deus, é necessário que o fim para o que cada coisa se inclina naturalmente seja o bem que é querido ou pretendido por Deus. No entanto, Deus, *por não ter outro fim de sua vontade a não ser Ele mesmo, e Ele mesmo ser a própria essência da bondade, é necessário que todas as coisas naturalmente sejam inclinadas para o bem*[57]. Contudo, apetecer não é outra coisa do que pedir algo, como tender a algo ordenado para si mesmo. Por isso, como todas as coisas são ordenadas e dirigidas por Deus no bem, e de modo que cada um está no princípio pelo qual ela mesma tende para o bem, como pedindo o mesmo bem, é necessário dizer que todas as coisas naturalmente desejam o bem (QDV, q. 22, a. 1).

2.3 O império da razão e da vontade

A construção do caráter humano, em cima do que passaremos a nos deter até a conclusão deste trabalho, volta-se continuamente para a análise de *qual é a finalidade do ser humano* e *como atingi-la*. Tais

---

56 Uma pedra naturalmente apetece cair mediante o princípio da gravidade que lhe é introduzido.

57 Itálico nosso.

questionamentos envolvem a conduta do homem, isto é, o seu comportamento geral, com suas ações, decisões e, sobretudo, seus hábitos operativos. Antes de passarmos ao exame dessas características, há uma questão, contudo, que deve ser primeiramente respondida para a finalização atual do presente tópico.

A investigação da conduta humana e do seu aperfeiçoamento – ou a *práxis da psicologia*, como a denomina M. Echavarría – tem inicialmente como base as já estudadas *paixões da alma*, pois, como foi largamente examinado, são estas que estão no centro da dimensão sensitiva do homem: ao apetecermos ou não um certo ente, desenvolvemos as paixões do amor, do ódio, da concupiscência, da alegria, do temor, e assim por diante, e é isso o que influencia – mas não determina, como se verá – as nossas decisões e ações práticas. Ora, ao vermos um certo alimento, queremos nos deleitar possuindo-o; ao nos frustrarmos com uma perda, nos iramos; ao iniciar um relacionamento amoroso, nos sentimos, antes, atraídos e desejosos. Assim, as paixões participam de maneira constante e fundamental da *práxis* da nossa conduta e do nosso comportamento.

Por isso mesmo é que Santo Tomás (ST I, q. 24, a. 1) questiona: as paixões são moralmente boas ou más em si mesmas? Responder adequadamente a esse questionamento nos ajudará a passar à análise dos hábitos humanos, que o Aquinate, na *Suma Teológica*, deixa justamente para a sequência do Tratado das Paixões. E a resposta nos parece bastante clara e, até mesmo, simples: as paixões da alma não são boas e nem más se consideradas em si mesmas, *simpliciter*. Ou seja, sozinhas, sem se vincular a nenhum outro fator de ordem superior, elas não estão imbuídas de nenhum bem ou mal moral. Isso porque, para se considerar algo como tal, é necessário antes observar *em vista de que* ocorre qualquer coisa – neste caso, o surgimento de uma paixão. E a única potência que pode nos revelar do que se trata este "*em vista de*" – isto é, o bem ao qual *devemos* nos inclinar e a finalidade que *devemos* perseguir – é o intelecto, do qual deriva a razão, e a vontade. Desse modo, o Aquinate expõe:

> As paixões da alma podem considerar-se em dois pontos de vista: em si e enquanto caem sob o império da razão e da vontade. Em si consideradas e como uns movimentos do apetite irracional, não são suscetíveis de bem nem de mal moral, que dependem da razão [...]. São, porém, suscetíveis de bem ou de mal moral, enquanto caem sob o império da razão e da vontade [...]. As paixões, quando forem voluntárias, podem considerar-se boas ou más moralmente. Ora, consideram-se voluntárias ou por serem governadas ou por não serem sofreadas pela vontade (ST I, q. 24, a. 1).

Com "império da razão e da vontade", Santo Tomás empresta um conceito elaborado por Aristóteles, que afirmava que esse domínio não seria de caráter tirânico, devendo-se considerar que "a alma tem sobre o corpo um poder despótico, e a razão exerce sobre os apetites ou afecções humanas um poder de magistrado (político) e rei" (*Política*, 1254b). Assim, o Estagirita - a quem, nesse sentido, segue a proposição tomasiana - assinala que, na unidade do homem, a sensualidade – onde residem as paixões -, mesmo devendo subordinar-se ao domínio racional, ainda assim é detentora de certa autonomia nas suas inclinações, de modo a poder operar, face às determinações da razão e da vontade, tanto de modo favorável como contrário. E é precisamente tal liberdade, ou, dito de outro modo, a ausência de uma rigidez *determinista* que inflexivelmente ordenaria o ser humano a uma única escolha no campo das ações, que realça o papel preponderante que o intelecto e a vontade, como centro da personalidade, possuem na formação humana, o que será examinado a partir de agora.

Desse modo, pudemos delinear até aqui a estrutura geral da alma humana, com as potências sensitivas e intelectivas, suas características e a relação hierárquica entre elas. Deste momento em diante, passaremos a examinar *como* a nossa alma pode, na visão de Santo Tomás de Aquino, *cumprir a sua finalidade*.

Capítulo 3
VIDA VIRTUOSA: A PLENITUDE DA ALMA HUMANA

Partindo do que foi visto, no capítulo anterior, a respeito do "império da razão e da vontade" sobre as paixões da alma, podemos afirmar, como faz Echavarría (2021, p. 152), que, para Santo Tomás, a estrutura geral da alma humana respeita uma determinada hierarquia ontológica. Abaixo, está a sua dimensão sensitiva, com as paixões, e, acima, a intelectiva, que, por ter acesso aos princípios universais dos quais tratamos anteriormente, é a responsável por coordenar as inclinações variadas da sensualidade[58] e, assim, mover a alma humana para uma determinada *direção*.

Primeiramente, portanto, é necessário examinarmos *qual é esta direção e o que a justifica* e *como adotá-la*. De início, podemos dizer que a direção é compreendida, segundo o que Santo Tomás nos fala, pela própria relação da inteligência e, portanto, da alma humana, com os universais, que se nos apresentam como aqueles princípios que a razão deve oferecer à vontade para esta perseguir e, assim, guiar nossas escolhas. E colocar-se em uma certa direção, por sua vez, implica a ação prática, a adoção de determinados *meios* que cumpram com esse fim, levando,

58 Lembramos, aqui, que "sensualidade", como Tomás a chama, é o mesmo que "apetite sensitivo" (QDV q. 25, a. 1).

desse modo, o homem à sua finalidade. Esta gama de ações, existentes dentre a infinitude de possibilidades que esta liberdade de escolher[59] nos dá, compõe o que será parte fundamental deste capítulo: os *hábitos*, que podem ocorrer na forma de *virtudes* ou de *vícios*.

Destarte, podemos ver como esta parte do sistema de psicologia de Santo Tomás – que corresponde, portanto, à sua dimensão prática e que abordaremos de agora em diante - funda-se na ideia de reorientar os indivíduos a certas condutas e comportamentos, os quais, diferentemente do que é visto na maior parte das escolas de psicologia contemporâneas[60], são observados, aqui, eminentemente sob o prisma da *ética*.

---

59 Não é do escopo deste trabalho a análise do livre-arbítrio, mas deve-se ressaltar que, para Tomás (ST I q. 83, a. 4), trata-se da potência, inerente ao ser humano, responsável pela eleição de uma coisa em detrimento de outra, dentre aqueles objetos que são apresentados pela razão ao apetite intelectivo. Assim, ele exerce o "juízo da vontade", sendo necessário para que esta, ao apetecer um certo bem, de fato o busque, propiciando, enfim, o desenvolvimento do caráter e da personalidade.

60 Salientamos que este é o argumento defendido por M. Echavarría, importante psicólogo clínico argentino e maior referência atual em psicologia tomista, a cujo pensamento damos grande valor para a elaboração deste estudo. Como ele afirma, "a psicologia da Ilustração [principal marco teórico da mudança da mentalidade filosófica aristotélico-tomista para a contemporânea] será, portanto, uma tentativa de reelaborar o saber acerca do homem e acerca de seu "dever ser", sob o guiamento da razão científica autônoma, com rechaço de todo dado sobrenatural, inclusive metafísico, tidos como demência ou fanatismo, ou, no melhor dos casos, reinterpretando-os como *mitos* que encerram uma verdade puramente natural, útil para a instrução do vulgo" (ECHAVARRÍA, 2021, p. 54). É claro que, como já pudemos examinar neste trabalho, a rejeição dos dados metafísicos clássicos (aristotélico-tomistas) inevitavelmente foram responsáveis pelo rechaço, também, da ética clássica, justamente a que procuramos reintroduzir no campo da ciência psicológica com as contribuições do presente estudo.

Retomamos, assim - procurando melhor aprofundar nesse momento - o que já havíamos antecipado na introdução a este estudo: a psicologia tomista é, como afirma Fromm (1983, p. 96), um sistema de conceitos e práticas que procura, acima de tudo, *melhorar o caráter* do homem. É, em razão disso, que o próprio Fromm (1983, p. 96) recorda que tal sistema, antes do surgimento das terminologias modernas – dentre estas, o da própria "psicologia" -, era simplesmente conhecido como "ética". Isso é explicado pelo fato de que o *estudo da alma*, pelo que a "psicologia" se define, deve abordar não apenas aquilo que a alma possui como faculdades – o que examinamos até o capítulo anterior -, mas, também, o que *deve ser feito* com essas faculdades, *como* elas devem operar e em vista de que, implicando, assim, exatamente a noção de *finalidade* do homem, pressuposto central do presente capítulo.

Para começarmos a entender isso em maior profundidade, devemos, aqui, recuperar o que Aristóteles dizia sobre *ato* e *potência*[61]. Todo ente possui uma série de potências, próprias da sua natureza, que são passíveis de atualização, de se tornarem atos. O mesmo se dá com o ser humano: a sua natureza própria lhe confere determinadas potências que são "chamadas" a se atualizarem. O homem tem, em potência, a capacidade de enxergar, por exemplo. Se ele vê as cores, como é esperado pela sua natureza, ele está transformando uma certa potência, que ainda não operava, em um ato. Ao contrário, se não o fizer, esta potência que lhe é inerente e que é "chamada" a se realizar em ato, mas que não o faz,

61 Cf. p. 38.

está corrompida, pois não vem a ser o que é dela esperado. Ou seja, podemos observar que a *normalidade* ocorre quando "funcionamos"[62] com o cumprimento daquilo que nos é intrínseco, quando atingimos a atualização de todas as potências que a nossa natureza nos confere.

Essa dinâmica de atualização de potências pode ser facilmente reconhecida em outras coisas. Assim como da visão de um ser humano espera- se que enxergue bem, também esperamos que um guepardo corra em alta velocidade e que, com um pedaço de madeira, possa se fazer uma fogueira, devido à sua potência em agir como combustível para o fogo. Se o funcionamento que é naturalmente esperado desses entes não se realiza, podemos afirmar que eles estão doentes.

É precisamente isso o que Kass (1975, pp. 19-20) propõe em um estudo a respeito da finalidade da medicina, no qual o médico norte-americano elabora uma descrição do que se deve entender por "saúde", afirmando que seu real significado vinha sendo distorcido ao longo dos anos. Para ele, saúde tem, como pressuposto, antes um estado *positivo* do que negativo a respeito de um determinado indivíduo (homem ou outros seres animados). Isso quer dizer que, ao avaliarmos a saúde de uma pessoa, não devemos procurar necessariamente o que essa pessoa *não tem como doença*, mas ao contrário, quais *excelências* ela apresenta, tratando-se de avaliar, como dissemos antes, se ela *atinge* o que dela é esperado, isto é, se as suas potencialidades se tornam atos. E essas atualizações não devem ser isoladas, segregadas umas das outras, mas, sim,

---

62 Optamos por um termo de menor rigor técnico para melhor compreensão do que tentamos expor nesta passagem.

ocorrer em um todo. Para exemplificar, o autor descreve, a esse respeito, o caso de um esquilo:

> O que, por exemplo, é um esquilo saudável? Não é a imagem estática de um esquilo, nem o esquilo enquanto dorme, nem mesmo o agregado, em níveis normais, da sua pressão arterial, cálcio sérico, zinco total, digestão, fertilidade, e por aí vai. Na verdade, o esquilo saudável é um animal de pelo espesso e com rabo que se parece e age como um esquilo; que salta entre as árvores com audácia; que junta, enterra, encobre e depois descobre e recupera suas nozes; que senta em um galho quebrando suas nozes, cheirando o ar por cheiros, alerta, cauteloso, com seu rabo batendo ritmicamente; que conversa, brinca e atrai e se aproxima, e deixa seus filhotes em casas no topo das árvores; que luta com vigor e vasculha com astúcia, que mostra espirituosidade, até mesmo raiva, e mais prudência do que muitos seres humanos. (KASS, 1975, p. 28).

Com isso, Kass (1975. p. 25) aponta para a necessidade de observar, na consideração da saúde, o organismo inteiro, abarcando todas as suas funções, que operam sempre de maneira conjunta e em coesão, justamente o que permite que essas operações, analisadas na sua totalidade, alcancem o seu funcionamento pleno. Kass (1975, p. 25) ainda lembra, para melhor entendermos esse conceito, que "saúde", no inglês, é *health*, e o seu verbo, *to heal*, significa *to make whole*, ou seja, "tornar um todo". Em complemento a isso, a etimologia grega para "saúde" vem de *hygeia* e *euexia*, que, como lembra o autor, se relacionam com a noção de "viver bem" ou "bom hábito do corpo". Temos, por fim, que saúde é o estado de vida que se revela como padrão para a excelência do corpo ou, então, "o bom funcionamento do organismo como um todo, ou, de novo, a atividade do ser vivo em acordo com suas excelências específicas" (KASS, 1975, p. 29).

O motivo pelo qual fizemos a demonstração acima é que ela nos ajuda a compreender com maior exatidão o que procuramos apontar com o termo "finalidade" do ser humano. Ora, é claro que Kass pretende relacionar fundamentalmente o conceito de saúde com as nossas operações físicas, que dependem de um órgão – ou, com aquilo que Tomás de Aquino associaria às potências vegetativas, sensitivas, apetitivas e locomotivas da alma humana[63] -, afinal de contas, o autor se nos dirige na qualidade de médico. Contudo, o que de fato acontece é que exatamente esse mesmo processo através do qual determinamos se um *corpo* possui saúde também se aplica à *alma*[64], mais precisamente à sua dimensão intelectiva ou racional, que, como já foi visto, opera sem órgão nenhum e à qual aquelas outras faculdades se subordinam.

Desse modo, assim como as diversas potências associadas ao corpo devem se atualizar para a manutenção de um organismo saudável – potências sensitivas, locomotivas, etc. - o mesmo se espera das potências racionais da alma, que devem operar em coesão, de modo que, em favor da verdade apreendida pelo *intelecto* possa se obter a anuência esperada da *vontade*. Com isso, gera-se uma propensão a certas condutas e, destas, a formação de uma personalidade *normal*, por ser a que corresponde ao uso saudável – ou seja, plenamente atualizado - do

63 Cf. p. 44.

64 O próprio Leon Kass afirma que, ao escrever seu artigo, se baseou em uma "tradição sensível, que propunha que a saúde, assim como a beleza ou a força, era uma excelência do corpo, enquanto a moderação, a sabedoria e a coragem eram excelências da alma" (KASS, 1975, p. 20).

intelecto e, por conseguinte, da vontade[65]. E por fim, como a alma humana, como um todo, é racional; como é a alma que confere o ser ao corpo, "animando-o"; e como ela forma, com o corpo, uma unidade[66] substancial, sendo que, desta unidade, a alma é que é imortal, podemos dizer que a finalidade da alma – a atualização plena das suas potências racionais - é, por consequência, a própria *finalidade do homem*[67].

3.1 A finalidade do ser humano

Portanto, como dissemos acima, se do ser humano também é esperado que todas as suas potências se atualizem para que ele "funcione" com normalidade, disso decorre que a finalidade do homem é um ato ou perfeição última "que supõe a atualidade perfeita, da qual emana. A felicidade e a perfeição do homem consistem, segundo

---

65 Em consonância com o que afirma Kass e com o que propomos neste trabalho, Jensen (2013, p. 11), em seu estudo sobre a ética tomista, argumenta que ética significa precisamente o estudo das ações que propiciam ao ser humano a sua *boa vida* – assim como Kass defende inicialmente a respeito da saúde física - e boa pois é calcada na *realização plena das suas capacidades humanas*, como a de ser justo ou de amar, reconhecendo, ainda, a conexão que, em razão disso, ética e psicologia compartilham.

66 VIDAL (apud ECHAVARRÍA, 2010, p. 231) afirma que tudo o que existe no mundo tende à unidade, pois é apenas esta que está no princípio. Assim, em correspondência à finalidade e à ordem que decorem desta unidade, a realidade é composta por diversidades e multiplicidades complementárias, que se unem exatamente nesta lógica de "síntese sem antítese" que é a dupla "potência e ato". Na alma, portanto, são atualizadas as potências incrustadas no corpo, que se complementam, assim, numa mesma unidade substancial.

67 Pois "tudo o que é especificado o é pelo ato e não pela potência. Assim, os compostos de matéria e forma são especificados pelas formas próprias" (ST I q. 1. a. 3).

Aristóteles e Santo Tomás, na *operação* da melhor potência com relação ao melhor *objeto*" (ECHAVARRÍA, 2021, p. 251).

Como examinamos anteriormente, é bastante claro que, para Santo Tomás de Aquino, a potência mais elevada do homem, que constitui o centro mesmo da personalidade humana, é o intelecto. E ele é a potência principal, ordenadora das nossas dimensões inferiores, exatamente por ser capaz de acessar os princípios transcendentes e estáveis segundo os quais compreendemos a essência das coisas, externa a nós mesmos e, portanto, objetiva. Ou seja, é o intelecto que nos dá a percepção dos universais e, enfim, da verdade. Como é esta última, então, o objeto da nossa potência mais elevada, temos que o ato perfeito do homem e, portanto, sua finalidade última é *a contemplação da verdade*, chamada por Santo Tomás de *beatitude*, que "significa a obtenção do último fim" (ST I-II q. 1, a. 8).

3.1.1 O papel do intelecto

Como já dissemos, o intelecto possui função preponderante na consecução da beatitude por ser a potência mais elevada do ser humano, sobre cuja razão já discorremos amplamente no capítulo anterior. Resta, porém, que ainda especifiquemos em maior clareza do que se trata ou em que ordem se dá a "verdade" cuja contemplação é, para o Aquinate, o significado mesmo de felicidade. Santo Tomás (ST I-II, q. 1, a. 3) sustenta que o fim último, objeto do intelecto e verdade *perfeita*, por ser incriada, é Deus. Tal é sua conclusão pois, partindo da noção aristotélica do primeiro motor, o Doutor Angélico (ST I-II q. 3, a. 8) argumenta que Deus, sendo Ele o primeiro motor não causado – mas causa de tudo o mais – será, em razão disso, sempre o alvo último a ser perquirido pelo intelecto humano: uma vez que, na condição corpórea, conhecemos apenas a essência daquilo que não é Deus em si mesmo, mas que apenas Lhe é originário, decorre que "o homem não é perfeitamente feliz *enquanto lhe resta algo a desejar e buscar*[68]" (ST I-II q. 4, a. 8).

Isso que se deve ainda buscar é, naturalmente, a essência daquilo que previamente causou o que já é conhecido, pois, como o conhecimento se dá pelas causas, o intelecto resta inquieto enquanto não conhecer as causas anteriores – do que se chegará, inevitavelmente, à causa primeira, que é Deus, antes de quem não há causalidade alguma. Se isto não se der, ocorrerá que o intelecto não terá alcançado plenamente o seu objeto, que é a verdade, porque desta se terá conhecimento apenas parcial, restando, ainda, um certo ímpeto para a aquisição da verdade em sua plenitude. Assim, o fim último consiste em uma atividade da mais elevada potência, que é o intelecto, "cujo objeto por excelência é o bem divino [...]. Por onde, na atividade contemplativa das coisas divinas consiste, sobretudo, a beatitude". (ST I-II q. 3, a. 5). Em sentido ainda mais próprio, porém, é que Santo Tomás especifica tal contemplação, que somente se entende pressupondo, de início, a visão que ele expõe a respeito da imortalidade da alma[69]:

> Se, pois, o intelecto humano, conhecendo a essência de um efeito criado, *somente souber que Deus existe*[70], a sua

68 Grifo nosso.
69 Cf. p. 92.
70 Grifo nosso.

> perfeição ainda não atingiu a causa primeira em si mesmo, restando-lhe ainda o desejo natural perquirir a causa, e por isso não é perfeitamente feliz. Portanto, para a felicidade perfeita é necessário o intelecto atingir a essência mesma da causa primeira. E, assim, *terá a sua perfeição pela união com Deus*[71] como o objeto em que consiste a beatitude do homem (ST I-II q. 4, a. 8).

Ou seja, para Tomás, a contemplação da verdade e, por conseguinte, a finalidade do homem se dão, em sentido estrito, no *perfeito* conhecimento da causa primeira, o que sucede unicamente no âmbito da vida eterna[72], quando, após a superação das limitações impostas pela imanência da matéria, a alma humana, incorruptível, une-se plenamente a Deus, podendo, enfim, contemplá- Lo diretamente – e, portanto, contemplar a *essência da verdade incriada*[73].

Desse modo, como pela união da alma ao corpo não se pode, ainda, contemplar a essência da causa primeira, a contemplamos pelo que Santo Tomás (ST I-II q. 3, a. 1) chama de *participação*. Citando Boécio, para quem os homens podem ser felizes de tal modo, o Aquinate argumenta que, embora não possamos ver a verdade incriada, podemos contemplar a verdade *criada*, isto é, todas as essências que decorrem da causa incausada, que é Deus, e que, assim, apresentam ao intelecto a Sua

71 Grifo nosso.

72 "Por onde, a beatitude última e perfeita, esperada na vida futura, consiste totalmente na contemplação" (ST I-II q. 3, a. 5).

73 Por essa razão, apoiando-nos em uma referência comum para as argumentações de Santo Tomás, São Paulo apóstolo afirma que "hoje vemos como por um espelho, confusamente; mas então veremos face a face. Hoje conheço em parte; mas então conhecerei totalmente, como eu sou conhecido" (I Cor 13, 12).

existência, da qual o intelecto *participa* e, então, obtém gozo e fruição. É evidente que fruir por participação não é o mesmo que fruir pela contemplação definitiva, o que implica que o fim último que aqui se atinge é um fim incompleto[74], conquanto ainda seja um fim, "por onde, o Filósofo, colocando a beatitude do homem nesta vida, diz que é imperfeita, concluindo depois de muitas reflexões: *Nós os consideramos felizes como homens*" (ST I- II, q. 3, a. 2).

Sobre este tópico, Echavarría (2021, p. 254) - que ainda assinala a atividade contemplativa como uma operação íntima, pois necessita o ato de voltar-se para si mesmo para que o intelecto opere -, aponta que qualquer tipo de doutrina que desloque a inteligência do centro da personalidade, uma vez que é por meio dela que nos orientamos e atingimos o nosso fim, elimina, assim, a possibilidade de plenitude da vida humana, reduzindo o homem a uma esfera de animalização, cujo norte, como já dissemos, tende a se tornar apenas a busca de prazeres sensitivos e imanentes.

3.1.2 O papel da vontade

À contemplação da verdade pelo intelecto, segue-se a inclinação do apetite intelectivo. Com efeito, segundo Santo Tomás (ST I-II q. 3, a. 4), a beatitude é, também, um ato da vontade, mas entendido como uma consequência do ato prévio do intelecto, pois quando alguém contempla a verdade implica-se, consequentemente, que *com ela se deleite e se alegre*. Alegrar-se

74 "Podemos alcançar nesta vida uma certa participação de beatitude; porém, beatitude perfeita e verdadeira não pode ser obtida". (ST I-II q. 5, a. 3).

supõe um *estado* no qual a alma ali se mantém, pois, para que o deleite permaneça – o que é certamente agradável ao homem - é necessário que a vontade esteja constantemente voltando-se à verdade e ao bem, de modo estável. Ou seja, vemos, aqui, que o cumprimento da finalidade humana, a beatitude, mesmo que ainda signifique ser apenas "feliz como homem", suscita, além da perfeição do intelecto, uma disposição perfeita da vontade, de modo que esta busque continuamente conformar-se com o bem. Essa busca, então, origina uma série de movimentos da vontade, através dos quais o indivíduo se dispõe ao fim e mantém-se nele, e que Santo Tomás (ST I-II q. 5, a. 7) chama de "atos meritórios".

O que nos ajuda a melhor compreendê-lo é o que fora examinado anteriormente a respeito da normalidade da vida humana. Como dissemos, todo ente é chamado a realizar-se dentro do que dele é esperado, atualizando as diferentes potências da sua natureza. Assim, é próprio da natureza humana que sua potência mais elevada, o intelecto, realize-se no ato perfeito de contemplar o seu objeto, o que, como já foi dito, constitui exatamente o seu fim último. A atualização, contudo, da nossa potência mais elevada – e, portanto, a obtenção do fim último - não pode estar desvinculada da atualização perfeita das demais potências humanas[75], especialmente a da vontade, uma vez que o ser humano é uma unidade substancial e que a sua dimensão

75 "Sem dúvida, o desenvolvimento pleno da personalidade humana nesta vida, conquanto tenha como centro a *mens* [mente], imagem de Deus, implica e supõe o desabrochar de todas as outras dimensões do homem, das outras potências com suas virtudes próprias, e também das relações pessoais e interpessoais, assim como bens exteriores" (ECHAVARRÍA, 2021, p. 258).

intelectiva, em particular, comporta duas potências que se servem uma à outra[76]. Assim, se é próprio do homem operar atos e atos em *perfeição*, e não apenas o do intelecto, temos que os atos meritórios descritos acima, decorrentes da vontade, se dão pelo exercício de ações "de acordo com a excelência ou virtude, e, se houver mais de uma virtude, com a melhor e mais completa" (Arist., *Ét. Nic.*, 1098a).

Portanto, se pelo intelecto contemplamos, pela vontade agimos[77]; e se o que se contempla é a verdade mais perfeita que o intelecto humano pode conhecer, o que se produz são, igualmente, as ações mais excelentes que a vontade humana pode engendrar, dado que a capacidade para ambos, o conhecimento da verdade e a excelência na conduta, está incrustada nas potencialidades racionais da alma. As potências sensitivas, vistas no capítulo dois, também suscitam movimentos e ações, uma vez que os apetites concupiscível e irascível, ao apetecerem algo como um bem, inclinam-se até ele, gerando paixões como o desejo, alegria, ira, etc. Porém, como vimos, essa inclinação do apetite sensitivo encontra-se em um nível inferior na hierarquia ontológica da alma humana, de modo que, na ausência de princípios racionais que a governem, se lhe seguirão ações meramente impulsivas, rápidas e instáveis, porque guiadas unicamente pelo nosso aparato sensitivo, como o ato de comer desenfreadamente uma

---

76 Cf. p. 99.

77 Para o Aquinate, "o autêntico fim último é sobrenatural e consiste na visão da essência divina. Em Santo Tomás, a contemplação mais elevada não é um fato puramente intelectual, mas se encontra estreitamente ligada com a vontade, por proceder do amor da caridade, e produz efeitos mais profundos em toda a personalidade" (ECHAVARRÍA, 2021, p. 257).

certa comida ou de tomar para si um item alheio simplesmente por se deseja-los. Parece-nos desnecessário apontar que ações dessa natureza, irreflexivas e efêmeras, não podem ser chamadas de excelentes.

É em virtude disso que, para a psicologia tomista, uma das bases da sua prática reside na atenção dispensada sobre a relação entre a dimensões sensitiva e intelectiva da alma, entre as paixões e as potências racionais, para que, com o devido "império da razão e da vontade"[78] sobre as *passione animae*, que estão no centro da vida sensitiva, essa relação não se configure como uma contraposição – em que as paixões obstaculizam a atualização plena do intelecto e do apetite intelectivo -, mas como uma benéfica complementariedade, permitindo o surgimento de movimentos reflexivos, duradouros e estáveis, *mutatis mutandis*, excelentes. Assim:

> O que nós somos – ter a capacidade de conhecer, de entender e de amar – está intimamente relacionado com o tipo de vida que é capaz de nos tornar realizados. Se nos contentamos com menos do que atividades plenamente humanas, se nos contentamos com a mera atividade animal de sensações e de prazer, então não teremos atualizado nossas capacidades. Disso se segue que não podemos ter prazer ou desfrutar de sensações? De jeito nenhum. Mas essas atividades devem ser feitas de um modo humano, com o nosso entendimento e desejos humanos. Uma vida ética, portanto, será uma vida de atualização das nossas capacidades humanas. (JENSEN, 2013, p. 13)[79].

78 Cf. p. 95.

79 Contra isso poder-se ia objetar que a durabilidade de um determinado comportamento não necessariamente indica que se trate de um bem. De fato, o próprio Santo Tomás (*Com. Ét. Nic.*, 86) afirma isso ao comentar

Promover a correta educação da vontade para que, com esta bem disposta, as capacidades humanas possam florescer é, para Calderón (2021, p. 96) - que comenta a importância que as virtudes exercem no sistema psicológico tomista - função essencial da psicologia, que colabora para que a afetividade previamente desordenada das paixões, uma vez alinhada com a finalidade do homem, torne-se sólida e permanente, cuidando, assim, do desenvolvimento não só da personalidade humana como, por extensão, de todo o organismo da sociedade, composta, desse modo, por indivíduos que vivem não segundo o que lhes há de animalizado, mas, sim, de verdadeiramente humano. Em Santo Tomás de Aquino, portanto, percebemos o papel vital que a vontade e, logo, a excelência humana, desempenham para a própria obtenção da finalidade e a vida feliz, pois "necessariamente a beatitude supõe a retidão da vontade, que não é senão a ordem devida, desta, relativamente ao último fim, e tão indispensável à consecução dele como a devida disposição da matéria à da forma" (ST I-II q. 5, a. 7).

3.1.3 Múltiplos meios para um único fim

As funções desempenhadas pelo intelecto e pela vontade, para a consecução do fim último, são simultâneas,

---

a proposição de Aristóteles segundo a qual o fim último do homem que o Filósofo investigava não se definiria *essencialmente* como tal por simplesmente ser eterno ou não. Contudo, o Aquinate admite que, acidentalmente, a duração e, portanto, a estabilidade de um bem – o que aqui especificamos como um comportamento humano - contribui para a qualificação deste bem. Assim, considerando que ações derivadas do "florescimento das capacidades humanas" pela reta disposição da vontade, como o amor e o entendimento, são mais estáveis do que ações fugazes provindas apenas do apetite sensitivo, nos parece claro que uma vida bem disposta em relação a seu fim último pode ser medida também por sua estabilidade afetiva e moral.

apoiando-se a si mesmas e mutuamente apontando para a finalidade do homem, uma vez que com a primeira delas o ser humano recolhe-se na sua atividade íntima e imanente[80] de contemplação da verdade e com a outra - a vontade -, quando retamente disposta a este mesmo fim, suscita-se atos estáveis, entendidos pelo Doutor Angélico como *meritórios* e, por isso, necessários para a fruição perfeita da felicidade. Desta forma, podemos afirmar que, se por um lado, a contemplação, em si mesma, é o fim último do homem, tais atos da vontade são os *meios* pelos quais isto se torna possível, pois direcionam ou dispõem o homem para ele[81].

Desse modo é que Aristóteles sintetiza essa questão na *Ética a Eudemo*, fazendo uma analogia com o papel da medicina face à saúde:

> E como o homem é por natureza composto de uma parte que governa e de outra que é governada, cada um

---

80 "A contemplação da verdade e seu desfrute é um ato maximamente imanente. Portanto, é vida plena e perfeita, porque a vida é mais excelente e intensa quanto mais imanente e menos exterior. Assim, a vida por excelência é a vida contemplativa" (ECHAVARRÍA, 2021, p. 254).

81 Citando as Sagradas Escrituras pelo significado que elas possuem na compreensão do pensamento de Santo Tomás de Aquino, podemos lembrar da famosa passagem da Epístola de São Tiago, em que o apóstolo diz que "assim também a fé: se não tiver obras, é morta em si mesma; mas alguém dirá: tu tens fé, e eu tenho obras. Mostra-me a tua fé sem obras e *eu te mostrarei a minha fé pelas minhas obras*" (Tg 2, 17-18). Aqui vemos com clareza, no âmbito da teologia, o que o Aquinate tenta demonstrar filosoficamente: intelecto e vontade devem atuar em perfeita comunhão, com o primeiro repousando na verdade incriada – donde decorre a fé, no pensamento teológico – e o segundo, ao assentir a este repouso do intelecto, produzindo as virtudes – ou obras, também sob a compreensão teológica -, de modo que estes são os meios e, por isso, expressão factual da plena anuência do homem com a verdade, que, como vimos anteriormente, é, para Santo Tomás, o próprio Deus.

> também terá de viver subordinando-se ao princípio que governa dentro de si. E isto de dois modos: de um modo é princípio da medicina, e, de outro, a saúde, sendo que aquela existe para esta. Assim sucede com a capacidade contemplativa. Pois Deus não governa distribuindo ordens, mas é o fim em vista do qual a sabedoria distribui ordens; e "o fim em vista de que" é de dois modos, porque ele, pelo que lhe diz respeito, não necessita de nada. Aquela eleição, portanto, e aquela aquisição dos bens naturais, com respeito ao corpo, ou ao dinheiro, ou aos amigos, ou aos outros bens, que, sobretudo, *promove a contemplação, esta é a melhor, e este é o mais belo critério; em contrapartida, a que, por falta ou por excesso, impede de servir e contemplar a Deus é má*[82]". (1249a,b).

Echavarría (2021, p. 258), comentando o que se expôs acima, afirma que, para Santo Tomás de Aquino, portanto, todas as ações humanas devem ser pensadas e eleitas como uma *preparação para o repouso contemplativo*, pois é neste descanso do intelecto (na verdade) que se atinge a plenitude da vida humana. Assim, o que se lhe promove é bom e o que se lhe impede é mau, pois ou afasta o homem do seu fim – a contemplação da verdade -, ou para ele auxilia, sendo, desta forma, atos intermediários para o fim último. Esses atos intermediários, ao preparar o homem ao repouso contemplativo, já são, para o Aquinate (ST I-II q. 11, a. 4), objeto da fruição da vontade sob a qualidade de fim último possuído *imperfeitamente*, isto é, não realmente, mas de modo intencional. De modo que, para Santo Tomás, o julgamento sobre se estamos verdadeiramente contemplando a verdade, e em fruição do último fim, pode se dar tomando a vontade e as nossas ações como medida:

82 Grifo nosso.

> A bondade ou malícia moral reside principalmente na vontade, como já dissemos. E pelo fim conhecemos se esta é boa ou má. Ora, consideramos como fim aquilo em que a vontade descansa; e o descanso da vontade ou de qualquer apetite no bem é o prazer. Por onde, pelo prazer da vontade humana principalmente julgamos se um homem é bom ou mau: bom e virtuoso é o que se compraz nas obras das virtudes; mau, o que se compraz nas obras más. (ST I-II q. 34, a. 4).

Em virtude disso é que a construção de uma personalidade madura - estruturada em bons hábitos, para que, com estes, se possa sempre estar orientado ao repouso no fim - é objeto de uma psicologia que, preocupando-se com a atualização plena de todas as nossas capacidades, se volta para a edificação *integral* do ser humano, de modo que "conquanto para Santo Tomás a beatitude consista formalmente num ato do intelecto, este se aperfeiçoa e termina no gozo da vontade, e, a partir daí, irradia todo o seu poder plenificante para o resto da personalidade" (ECHAVARRÍA, 2021, p. 260).

Por fim, como assinala Jensen (2018, p. 18), alguns comentadores contemporâneos de Santo Tomás, como Peter Ryan, colocaram a tese tomasiana da finalidade última do homem em discussão, argumentando, sobretudo, que se trataria de uma impossibilidade prática, uma vez que todas as ações que realizamos já seriam, em si mesmas, "fins últimos" e que, mesmo que fizéssemos algo em vista de outra coisa – o que é chamado de *ordem virtual* -, ainda assim, ao se realizar certas ações em vista de um fim último posterior (como alguém que faz diversas coisas no dia se preparando para um compromisso à noite), este fim cessaria, tendo que dar espaço a outro. Desse modo, poder-se-ia considerar que muitas ações do dia a dia não seriam voltadas para a verdade – Deus -, nem direta e nem indiretamente (ou seja, por meio de ordens *atuais* ou *virtuais*). O Doutor Angélico, contudo, nas *Questões Disputadas sobre a Virtude*, recorda que, embora seja impossível em tudo agir voltando-se conscientemente a Deus, quando fazemos muitas outras coisas voltamo-nos ao fim último *potencialmente*:

> Para mostrar isso, devemos considerar que, assim como nas causas eficientes o poder da causa primeira permanece em todas as causas subsequentes, também a tendência ao fim principal permanece no poder em todos os fins secundários. É por isso que quem realmente atinge um fim secundário, alcança o fim principal; então, enquanto o médico está colhendo ervas, ele procura preparar a poção, talvez sem pensar na saúde, mas potencialmente busca a saúde, para a qual dá esta poção. Assim, se alguém se ordena a Deus, quanto ao seu fim, em tudo o que faz por si mesmo, permanece potencialmente na sua busca pelo fim último que é Deus (QDVi, q. 2, a. 11., ad. 2).

Jensen, contudo, lembra-nos de que há, ainda, um terceiro tipo de ordem, para Santo Tomás, que nos ajuda a sanar eventuais dificuldades sobre a relação da vontade humana com o fim último se ainda considerarmos a impossibilidade da realização sempiterna de ações virtualmente voltada a Deus: a ordem *habitual*, que, "diferentemente das outras duas ordens, algumas vezes não implica ação nenhuma, e algumas vezes implica ações que não estão, de fato, ordenadas para o fim" (JENSEN, 2018, p. 19). Ou seja, trata-se, na verdade, de uma ordem habitual, que subjaz a todas as nossas intenções e que, assim, permeia todas as nossas escolhas, prescindindo de algum tipo de decisão ou determinação direta ou mesmo indireta que lhe acompanhe. É assim que, para o Aquinate, muitas vezes voltamo-nos para o fim último, de modo que "refere-se a Deus habitualmente aquele que em nada age, nem intenta a nenhuma ação, tal como o que dorme" (QDVi q. 2, a. 11, ad. 3).

Como comenta Jensen (2018, p. 20), essa distinção é fundamental e permite, de antemão, uma melhor compreensão do que será posteriormente examinado a respeito da estrutura das virtudes humanas. Efetivamente, uma ordem habitual implica não sempre uma determinada operação prática ou ato *externo* da vontade, mas, sim, um tipo de estado *interior* da alma segundo o qual a vontade se encontra *habitualmente* inclinada a um certo bem – no caso, o fim último, que é a contemplação da verdade[83]. Como se verá, muito diferente da realização de alguns atos meritórios específicos - que não supõem nenhuma forma de estabilidade, da qual falamos, necessária para o repouso pleno na verdade - é a existência de uma *disposição contínua* da vontade em direção ao bem, do que não necessariamente lhe resultará alguma ação prática atual ou virtual. Ora, quando alguém, ao amar o seu cônjuge, faz uma série de outras coisas no dia a dia, como comer ou trabalhar, não está, por isso, desconectando "temporariamente" a inclinação da sua vontade do seu amor conjugal, que permanece subjacente aos demais atos corriqueiros como um *hábito*. Por onde o mesmo se dá, é claro, com a

83 "Uma ordem habitual possui um certo poder estabilizador, que assim permanece a não ser que seja retirado por uma força oposta. Uma ordem habitual é uma espécie de plano que a pessoa estabelece" (JENSEN, 2018, p. 20)

orientação do apetite intelectivo em relação ao fim último, com a diferença de que este será *sempre* capaz de se conservar em hábito por ser transcendente e eterno.

3.2 Os primeiros princípios

Como foi dito, o conhecimento intelectual da verdade, que, com a reta disposição da vontade, enseja atos de excelência, é o que faz o homem atingir o seu fim, pois, desse modo, ele age segundo o que dele se espera. Contudo, ainda podemos nos defrontar com o seguinte questionamento: se inclinar-se ao bem é necessário simplesmente por este ser fruto da compreensão da verdade, o que assegura que, ao apreender a verdade, necessariamente o faço tomando- a como um bem e não como um mal e que, além disso, eu realmente me incline até ela[84]? Pois se é imposto que a vontade sempre se volte ao bem, como já afirmamos, torna-se forçoso que alguma outra qualidade, nos sendo *natural* e *inata*, permita, antes disso, que a nossa razão não se desvie do conhecimento da verdade e que nossas operações persistam sempre orientadas pelo bem. Ou seja, é premente que, ao raciocinar e, ao agir, tenhamos um *ponto de partida*, sem o qual não se pode haver fim algum. Esse elemento a partir do qual principiam nosso raciocínio e nossas ações é o que Santo Tomás de Aquino chama de "primeiros princípios". Assim o Doutor Angélico os descreve:

> O raciocínio do homem, sendo movimento, parte, como de um princípio imóvel da inteligência, de certas noções,

---

84 "Tanto o raciocínio deve ser verdadeiro como reto o desejo para a escolha ser boa, e o segundo deve perseguir exatamente o que o primeiro afirma." (Arist., *Ét. Nic.*, 1139a).

> naturalmente conhecidas, sem a investigação da razão; e termina também pelo intelecto, enquanto julgamos, pelos princípios naturalmente conhecidos por si mesmos, daquilo que descobrimos raciocinando. Ora, dá-se que, assim como a razão especulativa raciocina sobre as coisas especulativas, assim a razão prática, sobre as coisas operáveis. Logo, é necessário que, não só os princípios das coisas especulativas, mas também o das operáveis, nos sejam *naturalmente ínsitos*[85]. (ST I, q. 79, a. 12).

A presença dos primeiros princípios já fora anteriormente assinalada por Aristóteles, como lembra Abertuni (2011, p. 145) ao mencionar que o Estagirita os tratava como primeiros princípios *teóricos*, o que também é, de fato, afirmado por Santo Tomás (ST I q. 79, a. 12), que diz que, com isso, o Filósofo procurou descrever "o intelecto dos princípios". Aristóteles (*Ét. Nic.*, 1140b) afirma que a ciência provém de demonstrações que são realizadas a partir dos primeiros princípios que, para ele, são compreendidos pelo nosso entendimento[86], o qual "apreende os termos imutáveis e primeiros" (Arist., *Ét. Nic.*, 1143a). Por fim, Aristóteles constata que tal qualidade, de reconhecer os primeiros princípios e, com base neles, raciocinar, é um "dote natural".

Santo Tomás (*Com. Ét. Nic.*, 1179) comenta que o Filósofo não procura dar o mesmo significado do

85 Grifo nosso.

86 A partir do presente ponto, essa faculdade será por nós chamada de *entendimento*, seguindo a tradução para o inglês "understanding", feita por C.I. Litzinger, contida no texto da *Ética a Nicômaco* presente nos *Comentários a Ética a Nicômaco* (1964). Não obstante, convém ressaltar que a versão propriamente dita da *Ética a Nicômaco* (2021) utilizada para este trabalho, de tradução por Maria Stephania da Costa Flores, emprega o termo "razão intuitiva", que, por sua vez, também poderia ser substituído simplesmente por "Intelecto".

intelecto, uma potência, ao entendimento, mas, sim, de salientar a existência de um *hábito* segundo o qual, pela luz do intelecto ativo, o homem *naturalmente* conhece os primeiros princípios – que são *indemonstráveis* – e que são necessários para o posterior desenvolvimento do raciocínio, da formação de conclusões e, assim, do conhecimento da verdade. Trata-se, portanto, de um hábito que nos é ínsito, como o Aquinate afirma (ST I q. 79, a. 12), isto é, que nos é infundido e que nos permite, ao menos, a possibilidade de não nos enganar ao discernirmos o verdadeiro do falso. Desse modo, é seguro afirmar que, para Tomás, não havendo impedimentos[87] para o pleno funcionamento da inteligência, todo ser humano, por inclinação da sua própria *natureza*, é instado a tomar conhecimento da verdade. Não fosse assim, não nos pareceria razoável crer em uma finalidade comum a todos os homens, e que todos possam alcançar.

Assim, podemos afirmar que todo ser humano possui uma propensão natural ao conhecimento da verdade pelo reto uso da razão, que, para poder operar, apoia-se primariamente nos princípios ou termos "imutáveis e primeiros" que permeiam a estrutura da realidade. Um deles, por exemplo, e talvez o mais famoso, é o princípio da não-contradição, que, segundo Aristóteles na sua *Metafísica* (1005b), determina que uma coisa não pode "ser e não ser" ao mesmo tempo e sob o mesmo aspecto. Trata-se de um princípio, portanto, que fundamenta toda razão especulativa, pois torna-se impossível raciocinar –

87 Impedimentos, nesse caso, seriam aqueles oriundos de uma disfunção dos sentidos externos ou internos, como a visão ou a memória, que, como dissemos nos capítulos anteriores, são necessários para que as espécies sensíveis possam ser entregues ao intelecto ativo.

e, assim, chegar a uma conclusão verdadeira -, se, desde o início, não entendemos que coisas opostas (ao mesmo tempo e sob o mesmo aspecto) não podem ser conciliáveis. Por isso a necessidade de possuirmos compreensão desses princípios por natureza.

Outros princípios, além dos de ordem teórica, são os que se voltam para a prática, isto é, para as nossas ações. Para o nosso estudo, em particular, esses princípios se mostrarão os mais importantes, uma vez que nos ocupamos aqui, na estruturação da psicologia humana segundo o pensamento de Santo Tomás de Aquino, com aspectos que decorrem da ação da *vontade*, que nada mais são do que comportamentos, condutas, etc. Em virtude disso, portanto, é necessário que não só nossa razão especulativa atue com base em princípios ínsitos, como também a nossa razão prática, que, conforme explica Santo Tomás (ST I q. 79, a. 11), orienta a aplicação da verdade apreendida nas operações práticas, na relação com os demais, e assim por diante. Tais princípios de ordem prática são aquilo que o Aquinate chama de *sindérese*:

> Também os princípios das coisas operáveis, naturalmente ínsitos em nós, não pertencem a uma potência especial, mas a um hábito natural especial, a que chamamos *sindérese*. E, por isso, se diz que a sindérese instiga ao bem e murmura contra o mal, enquanto, pelos primeiros princípios, procedemos a descobrir e julgamos do descoberto. (ST I q. 79, a. 12).

Abertuni (2006, p. 42), em sua tese de doutoramento a respeito da sindérese na moral de Santo Tomás de Aquino, nos auxilia a esclarecer em maior profundidade o que o Doutor Angélico propôs, em sua obra, sobre esse conceito, utilizando-se, além da *Suma Teológica*, de outras fontes do *corpus thomisticus*, como os *Comentários às Sentenças de Pedro Lombardo* e as *Questões Disputadas sobre a Verdade*. Após realçar o caráter de *hábito* da sindérese na obra do Aquinate - em oposição às posições mais contemporâneas que entendiam ser ela uma potência -, Abertuni assim a explana:

> Todo movimento procede de um motor imóvel e tudo que se apresenta diferentemente procede de algo que se apresenta sempre do mesmo modo. Ora, tal princípio que diz respeito ao movimento das coisas naturais se aplica ao procedimento da razão. Como de fato a razão se apresenta numa diversidade e de certo modo seja movimento, conforme conduz dos princípios às conclusões e pode falhar na confrontação, é necessário que toda razão proceda a partir de um conhecimento que apresenta uma certa uniformidade e repouso, o que não é feito por discurso de investigação, mas é oferecido prontamente ao intelecto. Da mesma forma que a razão no que é matéria de especulação se deduz a partir de alguns princípios evidentes (per se nota) acerca dos quais se fala do hábito do intelecto, assim também é necessário que a razão prática se deduza a partir de alguns princípios evidentes, como por exemplo "o que é mau não deve ser feito", "deve- se obediência aos preceitos de Deus", etc. O hábito desses princípios é a sindérese (ABERTUNI, 2006, p. 45-46).

Destarte, sendo a sindérese um hábito ínsito, segundo o qual os princípios da razão prática nos são dados naturalmente – o que também ocorre com os princípios da razão especulativa -, podemos compreender, então, como, para Santo Tomás, o apetite intelectivo igualmente se inclina ao bem por natureza, de modo que, se de fato possuímos um fim último a perquirir e alcançar, como propomos nesse trabalho, é porque somos naturalmente instigados à sua consecução. Isso não quer dizer, contudo – como poder-se-ia questionar -, que, por haver um elemento intrínseco de estímulo para que a vontade busque esse fim, ela esteja *determinada* a isso. Pois, apesar desta propensão natural à verdade e ao bem, a razão humana, que procura chegar desses princípios às corretas conclusões, pode se equivocar, donde se seguirá, também, um equívoco na ação da vontade, e é por isso que, para Tomás, "o erro da vontade se encontra na vontade deliberada que depende da razão inquiridora e não na vontade natural que depende do conhecimento natural dos princípios indemonstráveis no que é matéria de ação" (ABERTUNI, 2006, p. 48).

3.3 O CARÁTER

Até o presente momento, esmiuçamos do modo mais pormenorizado possível tudo aquilo que era necessário esclarecer, para a compreensão basilar de um sistema de psicologia tomista, acerca dos fundamentos filosóficos que o alicerçam, transitando entre conceitos metafísicos, antropológicos e psicológicos. Vimos, assim, que as paixões da alma desempenham um papel significativo no dinamismo psíquico do homem ao serem a manifestação da sensualidade, a dimensão apetitiva inferior do ser humano – e, por isso, a força que impele os atos de toda pessoa ainda não amadurecida. Tal maturidade se adquire, como se viu, pela observância de outros princípios ontologicamente superiores, o intelecto e a vontade, que atuam em função de uma finalidade última e que, por isso, sujeitam as paixões a uma ordem racional e hierárquica. A expressão *visível*, porém, da efetiva convergência de todos esses fatores, que resulta, assim, numa real e verificável maturidade da personalidade humana – objeto da psicologia – se dá pela constituição do *caráter*.

Como se verá, embora o conceito do que propomos neste tópico tenha sido *essencialmente* defendido por Santo Tomás, faz-se necessário ressalvar, em acordo ao que comenta Echavarría (2021, p. 175), que, em sua obra, o Doutor Angélico não chegou a denominar com o termo "caráter" o que aqui descrevemos[88]. Todavia, para que se possa facilitar a sua compreensão, optamos por permanecer com esta nomenclatura em virtude da associação mais habitual que atualmente se faz entre este termo e sua definição correspondente que detalharemos em seguida – e por ser a terminologia empregada por comentadores importantes da psicologia de Santo Tomás de Aquino, como o já citado M. Echavarría, e o psicólogo de orientação tomista Rudolf Allers, que, em sua obra *Naturaleza y Educación del Carácter*, muito embora considere não haver uma fórmula que expresse com exatidão a sua definição, mas consonante com o que aqui detalhamos, relaciona o caráter à prática de *valores* e, assim, a "algo que pertence ao tipo ontológico do juízo, da proposição, da regra e da máxima" (ALLERS, 1957, p. 33).

Para uma simples compreensão inicial, então, isso que procuramos observar na composição do caráter

88 "No contexto de seu pensamento, como em geral do medieval, o "*character*" é uma potência sobrenatural infundida por alguns sacramentos cristãos que configuram de modo especial a pessoa a Cristo (justamente os que "imprimem caráter": batismo, confirmação e ordem sagrada)" (ECHAVARRÍA, 2021, p. 175).

humano parece ter relação com algo de "regra", de "máxima", que seja "propositivo" e a partir do que possamos "julgar". Isto é, trata-se de uma certa forma de conduta (como vimos, a ação da vontade engendra uma série de atos) que resulta em *realizações*, que é parâmetro para as condutas das pessoas em geral e, sendo balizadora das demais condutas, é a medida pela qual se julga se alguém está agindo de forma boa ou de forma má, como se viu anteriormente[89]. Portanto, a isso corresponde, genericamente, o que se denomina *caráter*: o padrão característico da totalidade das ações de uma pessoa que, na sua individualidade, pode ser avaliado, em relação àquela "máxima" que lhe serve como padrão norteador, como lhe sendo totalmente compatível ou incompatível ou, então, se lhe aproximando para mais ou para menos.

O principal aspecto dessas ações, entretanto, especialmente as de quem já passou a agir em conformidade a esta "máxima" ou de quem, contrariamente, lhe age em oposição constante, sequer vislumbrando o alvo a ser atingido, é que elas são frutos de deliberações *habituais* da vontade. Ou seja, não nos referimos, aqui, a atos isolados, descontínuos, mas, sim, a atos perenes, em continuidade um com o outro. Isso ocorre pois "os atos da inteligência e da vontade não desaparecem completamente no instante que os viu surgir; deixam atrás de si um sedimento, cuja repetição sobrepõe as capas sucessivas, formando o terreno sobre o qual se apoia a firmeza da vontade" (MERCIER, 1942, p. 508). Dessa forma, quando uma pessoa procura agir mais proximamente àquela máxima ideal, ela invariavelmente

89 Cf. p. 116.

repetirá determinados atos que a guiam nesse percurso, e continuará os repetindo sobretudo para ali se manter; inversamente, quem se afasta da máxima ideal, também repetirá uma série de ações iguais e sempiternas, porém em polo oposto. Em ambos os casos, um mesmo "terreno", edificado com o tempo, estará alimentando as ações perenes de alguém, de modo a torna-lo *disposto* a agir em um sentido ou em outro. Isto é o que chamamos *hábito*.

Santo Tomás de Aquino afirma, na *Suma Teológica*, I-II, q. 49, a. 1, que hábito é derivado do verbo latino *habere*, que significa "ter" ou possuir". Com isso, o Aquinate procura salientar o caráter intrínseco dessa qualidade: quem tem um hábito, age, *por consequência*, de determinada forma. Isto é, os atos individuais não são, como já se disse, descontínuos, indeterminados ou simplesmente isolados, como se o agente agisse de um certo modo apenas em um determinado momento ou como se o ato em questão tivesse "vida própria". Ao contrário, Santo Tomás deixa claro que se trata, na verdade, de uma *disposição* que o indivíduo *possui*, e que é em razão dessa disposição potencial que acabamos tendo a *tendência* de agir de um modo ou de outro. Por isso, o Aquinate (ST I-II q. 49, a. 1) cita a *Metafísica* de Aristóteles para, enfim, defini-lo no sentido que aqui nos interessa: "Hábito – posse ou estado -, noutro sentido, significa a disposição em virtude da qual a coisa disposta é disposta bem ou mal, seja por si, seja em relação a outra" (1022b).

É importante ressaltar o que o próprio Estagirita, a quem Santo Tomás recorre, descreve nessa explicação:

hábito é uma posse ou um *estado*. Ora, estado supõe uma certa *condição* ou um certo *modo*, o que, nesse caso, é claro que externamente implica uma condição ou um modo de *agir*, segundo o hábito em questão. Porém, o que procuramos observar é que, antes da ação prática externa, preexiste um determinado *estado de vida*, o que justamente se dá pelas variadas *disposições potenciais* que um sujeito possui. Essa compreensão é fundamental para o devido entendimento a respeito do que o Doutor Angélico propõe em sua psicologia. Como afirmamos anteriormente[90], a consecução do fim último pelo intelecto é acompanhada pela correta inclinação da vontade: ao se inclinar ao fim apreendido pelo intelecto, necessariamente o apetite intelectivo deve procurar se manter em repouso nesta fruição do bem, o que implica, como consequência, uma *estabilidade* de "atos meritórios". Ora, atos estáveis, por sua vez, pressupõem uma disposição contínua e, por isso, um "estado" de vida. Como Jensen (2018, p. 21) afirma, ordens *habituais*, para Santo Tomás, não têm tanto a ver com a ação em si mesma, mas, sim, com a *pessoa* por trás daquela ação. Em virtude disso, então, frisamos o que, no nosso entendimento, o Aquinate estabelece inequivocamente: mais do que fomentar uma variedade de boas *ações*, a formação do caráter humano por meio de hábitos ideais se destina a formar excelentes *seres humanos*. Dessa maneira, enfim, Santo Tomás de Aquino relaciona os hábitos com a vontade:

> Assim como no intelecto há uma espécie que é semelhança do objeto; assim é necessário haver na vontade e em

90 Cf. p. 109.

> qualquer potência apetitiva algo pelo qual ela se inclina ao seu objeto [...] Mas como é necessário, para o fim da vida humana, que a potência apetitiva se incline a um objeto determinado, para o qual não se inclina pela própria natureza, que é relativa a muitos e diversos objetos, é necessário que se haja na vontade e nas outras potências apetitivas certas qualidades inclinantes, chamadas hábitos (ST I-II q. 50, a. 5).

Santo Tomás (ST I-II q. 49, a. 3, ad. 1) ainda designa tal disposição, o hábito, como sendo o "ato primeiro" relativamente a uma operação, pois é o seu princípio, enquanto a operação que se pratica, propriamente dita, é o "ato segundo". Apoiando-se nessa conceituação tomasiana, Echavarría (2021, p. 179), enfim, pormenoriza a descrição dos hábitos como sendo *disposições dificilmente móveis*. Vimos acima que o hábito é a qualidade que *dispõe* a potência – no caso, a vontade - a uma determinada operação. Igualmente importante para essa compreensão, contudo, é a distinção quanto à "mobilidade" da disposição, ou seja, se alguém, que, em razão de um hábito, inclina-se a uma certa ação, pode - ou não - ser *facilmente* demovido dessa tendência por alguma força distinta, como os apetites sensitivos. Para ser um hábito em sentido estrito, conforme aponta Echavarría (2021, p. 179), essa disposição *não* pode ser alterada com facilidade, por isso a definição empregada, segundo o pensamento de Tomás, de "disposições dificilmente móveis".

Com efeito, temos que o caráter, expressão visível da conformação das potências intelectivas à verdade, é formado por uma variedade de hábitos distintos que, *em conjunto*, estabelecem a sua característica geral. Faz-se necessário salientá-lo para que se esclareça alguns lugares-comuns com os quais corriqueiramente nos deparamos. Primeiramente, essa marca geral de que falamos, com o que comumente se identifica o caráter de uma pessoa, não é proveniente apenas de um ou dois dos seus hábitos vistos como mais "positivos" ou "negativos", mas, sim, como dissemos, da sua totalidade. Além disso - e o que justifica o ponto acima - os hábitos, bons ou ruins, tendem a formar-se, aprimorando ou degenerando o caráter, de modo progressivo e, em geral, simultâneo. Isto é, se alguém possui um determinado hábito positivo, é porque também conserva muitos outros igualmente bons, que se alimentam entre si; da mesma maneira, quem é identificado por um traço negativo de caráter é porque, além do hábito que o distingue, também detém outros ruins que se lhe acompanham. Em suma, a evidência manifesta da aproximação ou do distanciamento em relação à beatitude se dá ordenadamente, na integralidade dos atos humanos. Como aponta Echavarría:

> Um só hábito não constitui o caráter, ainda que seja um aspecto ("traço", como se diz hoje) do mesmo, mas quando falamos em caráter estamos nos referindo a um conjunto ou "congregação" destes. Nesse grupo de hábitos se encontra uma hierarquia ou uma ordem, determinada pelo fim a que a pessoa se propõe. A estruturação virtuosa do caráter supõe a ordenação à realização do mais importante no homem, que é sua mente. Portanto, a ordem reta implica que a razão esteja no centro do conjunto de hábitos que configuram o caráter. (ECHAVARRÍA, 2021, p. 177).

Desse modo, seguindo o que Echavarría (2021, p. 176) propõe em seu estudo a respeito da práxis da psicologia sob a perspectiva tomista, podemos, enfim, reduzir o conceito do caráter que estamos aqui a esmiuçar em uma fórmula sintética e mais didática. Se o elemento constitutivo central do caráter humano é o hábito (uma disposição potencial), e se não pode subsistir, na sua configuração, hábitos únicos e descontínuos entre si, dessa forma, portanto, "podemos definir caráter como o *conjunto ordenado dos hábitos operativos práticos* (*afetivos, cognitivos e comportamentais*) (ECHAVARRÍA, 2021, p. 176)[91].

Por fim, alcançando o ponto culminante da nossa análise sobre o caráter e do próprio caminho geral que traçamos até aqui na estruturação da psicologia tomasiana, lembremos que o hábito operativo é, sempre, uma *disposição potencial* face a uma determinada operação - ou seja, trata-se, como dissemos, de uma disposição da

91 Embora não nos convenha particularizar de modo demasiado a distinção que comumente pode ser matéria de confusão entre *caráter* e *temperamento*, é preciso, contudo, explica-la, especialmente pelo emprego usual que este último vem tendo em âmbito popular. O caráter concentra as diversas *disposições* afetivas e intelectuais que são *desenvolvidas* pelo ser humano ao longo de sua vida, tema que brevemente examinaremos melhor. Temperamento, contudo, diz respeito às inclinações afetivas *naturais* que alguém possui, que, como analisa (Asúa, 1994, p. 16), foram especialmente investigadas, no período escolástico, por Alberto Magno, mestre de Santo Tomás, que fez um dos primeiros usos do termo *temperamentum* para descrever o equilíbrio entre os humores naturais do homem – bile amarela, bile negra, sangue e fleuma -, de cuja junção se impõem as tendências afetivas inatas de uma pessoa (os temperamentos): melancólico, colérico, sanguíneo e fleumático, que são, também, passíveis de aprimoramento, de modo que, como explica Alberto Magno, "alguns estão naturalmente dispostos a vícios, como os melancólicos à inveja, e os coléricos à ira, e, no entanto, pelo discernimento do intelecto, podem habituar-se em sentido contrário" (*Quaestiones super De animalibus*, l. 1, q. 21 APUD ECHAVARRÍA, 2021, p. 184).

vontade - e que é próprio desta, por sua vez, que esteja inclinada a um fim, a *beatitude*, a finalidade comum a todo ser humano e princípio norteador de todas as nossas operações. Disso sucede, portanto, que essas disposições potenciais, que se referem a uma vasta gama de operações possíveis na dinâmica comportamental humana, são o ato primeiro de ações que, por sua vez, podem ser consecutivas e reflexo tanto daqueles movimentos da vontade que, como vimos anteriormente, *buscam* a atualização máxima das nossas potencialidades ao engendrar ações de excelência - frutos do verdadeiro repouso do intelecto e da vontade no fim último - como dos movimentos que disto se *desviam*. Assim, os hábitos que se dispõem a operações conducentes ao fim e à excelência são hábitos *bons* e são chamados de *virtudes*, e os hábitos que se dispõem a operações que se lhe departam são *ruins* e são chamados de *vícios*. Uma das especificações dessa diferença é explicada por Santo Tomás nos *Comentários à Ética a Nicômaco*:

> A razão é que a virtude ou potência de uma coisa é julgada pelo melhor que ela pode fazer. Por exemplo, a potência de alguém que pode carregar 100 quilos é determinada pelo seu carregamento *real* do peso [...] e não pelo fato de que ele carrega 50 quilos. Agora, o máximo ou o melhor ao que a potência de qualquer coisa alcança é a sua performance excelente. Dado que uma perfeita operação procede apenas de um perfeito agente, decorre que tudo é bom e opera bem de acordo com sua própria virtude. Se isso for verdade em todas as outras coisas – e isso já é aparente pelos nossos exemplos -, a virtude humana deve ser um tipo de hábito [...] Desse hábito o homem se torna bom formalmente falando (como algo que se torna branco por sua brancura) e opera bem. (*Com. Ét. Nic.*, 308).

Essa não é, todavia, a principal diferenciação que o Doutor Angélico faz entre as virtudes e os vícios. Ocorre que, para se agir de modo excelente, faz- se necessária a possibilidade que o agente tenha de também agir de modo *não* excelente, como descrevemos acima, de modo que se adquira, respectivamente, hábitos virtuosos ou viciosos. Mas para se desviar do objeto que a vontade procura - unicamente o que produziria o ato excelente - pode-se fazê-lo por escapar do "alvo" tanto para um lado como para outro. O que discutimos aqui é a conhecida conceituação já formulada por Aristóteles (*Ét. Nic.*, 1108b) segundo a qual a virtude nada mais seria que o *meio-termo entre dois vícios opostos*. O Estagirita mostra essa realidade por evidenciar que a virtude, o meio entre os vícios, sempre se encontra, justamente, num ponderado equilíbrio entre o vício do *excesso* e o vício da *falta* em relação à operação habitual da virtude[92]. Assim, por exemplo, a coragem é o meio-termo entre a covardia e a precipitação, assim como a generosidade é o meio-termo entre a avareza e a prodigalidade. Sobre isso, Santo Tomás (*Com. Ét. Nic.*, 363) ainda aponta que esta relação de oposição entre três disposições, com uma virtude e dois vícios, se dá quando bem e mal são considerados sob o aspecto de hábito operativo, pois, em si mesmos, eles se opõem simplesmente entre si, em dois polos extremos e únicos, sendo o bem oposto ao mal.

Na *Suma Teológica*, I-II, q. 64, Santo Tomás de Aquino aborda esse ponto de modo mais aprofundado,

92 Convém assinalar que essa proporção entre falta e excesso é válida apenas para a consideração das virtudes morais e intelectuais. As virtudes teologais, por sua vez, não possuem excesso. Isso será melhor detalhado no próximo tópico.

enfatizando, no artigo 1º, o princípio pelo qual podemos afirmar que a virtude é o meio-termo entre os vícios: o fato de operarmos segundo a razão. Para o Aquinate, a razão[93] é a *regra* do movimento apetitivo em relação aos objetos de apetição. Isto é, nossas operações devem se dar tendo uma determinada regra como medida, de modo a buscarmos a conformidade com esta regra. De modo diverso, portanto, pode-se não se conformar com esta regra ou medida tanto pelo exagero como pela falta. Ao se pintar um quadro toma-se a regra da arte como medida, o que supõe a beleza, a estética e a simetria, por exemplo. Pode-se não respeitar essas medidas – o meio-termo da virtude – por se usar tinta demais ou de menos, ou, então, por se produzir traços grosseiros ou muito superficiais. Compreender esse aspecto é essencial para o propósito do nosso estudo, uma vez que, diferentemente do que se possa supor, a psicologia, ao propor que nos distanciemos de uma vida diminuta, fora da atualização das nossas capacidades, e, inversamente, enxergando na genuína felicidade uma obra de excelência humana, não implica, por isso, ações de fraqueza ou pusilanimidade mas tampouco de severidade ou falta de sensibilidade, típicas de quem por muitas vezes se vê na observância de um regramento excessivo e, sem perceber, desarrazoado. Ao contrário, a vida de virtudes, a felicidade humana sobre a qual Santo Tomás nos ensina é, como vimos, fundamentada inteiramente no *equilíbrio*.

O percurso até a obtenção desse estado de equilíbrio, por sua vez, não é absolutamente polarizado,

93 Lembramos que "razão" provém do termo latino *ratio*, que guarda relação precisamente com a ideia de "medida".

isto é, reduzido a uma dicotômica oposição entre um caráter virtuoso e outro dominado por vícios, condição essa na qual o indivíduo, mesmo sabendo do mal inerente ao vício do qual é portador, ainda assim o perpetra. Esta é a situação de maior degeneração anímica em que alguém pode se encontrar: uma vida enormemente esvaziada de significado por estar, com ao menos algum grau de consciência sobre seus próprios atos, desorientada da finalidade à qual todo ser humano é chamado, que é a beatitude. Não obstante, ao afastarmo-nos dessa condição de mínima atualização das capacidades humanas, e sendo instados, com isso, a alcançar a felicidade na plenitude da vida virtuosa, inserimo-nos num percurso no qual se dará o progresso até a virtude concreta.

Entre os vícios e as virtudes, portanto, há um *espectro*, com dois componentes que Aristóteles (*Ét. Nic.*, 1145b) definiu como *continência* e *incontinência*. Embora reservemos uma seção própria, neste estudo, para analisar o modo como se dá esse progresso na construção de um caráter maduro, antecipamos, aqui, que tal entendimento deve sempre ser levado em consideração, uma vez que não raras vezes nos deparamos, em prática clínica, com pessoas que, por esperarem uma melhora abrupta e rápida que quase nunca acontece, acabam desistindo do processo terapêutico. Essa melhora, portanto, ocorre em etapas, de modo que, do comportamento vicioso, passa-se ao incontinente, deste para o continente para, enfim, progredir-se para o virtuoso. Esses patamares do meio do processo, segundo Santo Tomás, se dão pois "o incontinente sabe que certas ações particulares são más, e mesmo assim as pratica por suas paixões" e "o continente experimenta desejos que ele sabe que são maus e não os pratica pelo juízo da razão" (*Com. Ét. Nic.*, 1306).

A plenitude do homem, desse modo, se constrói passo a passo, com aquilo que tanto Aristóteles (*Ét. Nic.*, 1145b) como o Doutor Angélico (*Com. Ét. Nic.*, 1306) chamam de *perseverança.* Primeiro, percebemos a viciosidade das paixões que nos acometem, mas lhes sucumbimos; então, passamos a não ser mais por elas dominados, conseguindo produzir boas ações, embora certa má inclinação apetitiva ainda esteja presente. Só depois disso é que, pelo incessante e persistente repouso do intelecto na verdade, capacitamos maximamente todas as disposições da vontade, de modo que estas, longe da fugacidade dos hábitos viciosos, se encontrem sujeitas ao perfeito equilíbrio da alma, condição na qual, como dissemos, podemos dizer que se atinge a *excelência humana*[94] [95].

94 "É aqui que encontramos o centro do que é psicologicamente observável de modo humano. Se não se chega ao nível específico da virtude humana enquanto tal, a psicologia, em suas múltiplas variantes, não poderá ultrapassar o nível do condutismo, por mais sofisticada e abstratamente elaborada que possa estar" (ANDEREGGEN, 1999, p. 65).

95 Torna-se mais clara, na finalização deste tópico, a diferença que fora inicialmente apresentada, na introdução a este estudo, entre a psicologia contemporânea e a psicologia clássica, sobretudo a desenvolvida por Santo Tomás de Aquino. Conforme apontam alguns estudiosos dessas divergências, como Echavarría (2021, p. 271) e Seligmann (2000, p. 623), a psicologia contemporânea, por ter, em grande parte, se desorientado quanto ao conhecimento da finalidade do homem – a verdade -, acaba por produzir no ser humano com alguma enfermidade psíquica no máximo algum benefício superficial, como determinadas condutas estimuladas pela, já abordada, noção freudiana do princípio do nirvana, que conduz o indivíduo à "fuga do sofrimento". Isto se dá porque, uma vez perdendo-se a percepção sempre entendida de uma verdade universal

3.4 Virtudes: o florescimento da personalidade

Tendo sido analisado o que fundamenta a vida de excelência do ser humano, calcada na beatitude (tal como ela é possível para o homem em sua existência terrena), abordaremos, agora, alguns dos elementos que constituem e distinguem o caráter de uma pessoa que se capacitou a alcançar esta felicidade, como entendida por Aristóteles e Santo Tomás, cuja expressão, como vimos, é marcada pelas suas diferentes *virtudes*. Antes, contudo, de examinar algumas dessas virtudes separadamente, a compreensão inicial de alguns dos seus aspectos mais gerais certamente ajudará no posterior entendimento de cada hábito virtuoso em si mesmo.

Brennan (2016, p. 211), em seu estudo primoroso a respeito da psicologia de Santo Tomás de Aquino, mostra didaticamente a separação das principais virtudes humanas que elencaremos neste trabalho, tradicionalmente distinguidas, desde Aristóteles em sua *Ética a Nicômaco*, entre *virtudes intelectuais* e *virtudes morais*. Antes de catalogarmos a qual desses grupos pertencem as diferentes virtudes que estudaremos, e justamente para melhor compreendê-las, é premente que, primeiro, identifiquemos os *princípios* pelos quais um determinado hábito virtuoso

---

e transcendente, esta nova psicologia não mais se aprofunda em relação à nossa *verdadeira* natureza, a qual, neste trabalho, procuramos recordar. Assim, a psicologia tomasiana, de modo inverso, entende que, mais do que algum tipo de conforto fugaz, o progresso da pessoa humana é capaz de movê-la em direção à sua completa excelência, moldando-a em hábitos, de modo que, não apequenando a maneira como vê a humanidade, mas, sim, voltando essa visão para o que há de mais alto em nossas potencialidades, vê-se que, de fato, *o ser humano normal é o ser humano virtuoso* e que, desse modo, "normalidade e santidade são equivalentes" (SELIGMANN, 2000, p. 623).

pode ser caracterizado como intelectual ou como moral. Como Brennan afirma, "o hábito é formado por atos de uma natureza específica, procedendo de uma potência específica" (BRENNAN, 2016, p. 207). Ou seja, o hábito - que, como vimos, é uma disposição dificilmente móvel - é o que dispõe uma certa *potência* a um *tipo de ato específico*, o que, por sua vez, se orienta a um determinado *objeto*.

Para melhor entender isso, recorramos de início ao próprio Doutor Angélico. Na *Suma Teológica*, em seu *Tratado das Virtudes*, Santo Tomás aborda, na q. 56, o tema do *sujeito* das virtudes – o que equivale a dizer, como afirmamos acima, em qual *potência* do homem determinada virtude residiria. Ao responder à objeção, no a. 5, de que poder-se-ia encontrar virtudes nas potências sensitivas apreensivas internas – os sentidos internos, vistos, aqui, no capítulo dois -, o Aquinate afirma que isso não seria possível, pois "a virtude é um hábito perfeito pelo qual não podemos obrar senão o bem. Por onde, necessariamente, a virtude há de existir na potência que consuma a boa obra" (ST I-II q. 56, a. 5). A potência que consume a boa obra é, Santo Tomás dirá na sequência, não o sentido interno, mas a potência do *intelecto ou razão*. Isso pode ser facilmente reconhecido recordando-se o que já foi anteriormente apresentado: o hábito virtuoso é a expressão da contemplação da *verdade*. Ora, se para a virtude existir é necessário haver antes o conhecimento da verdade, então ela só pode lograr tendo como sujeito a potência que *conhece a verdade*, e desse modo:

> O sujeito próprio de um hábito operativo é uma potência racional, uma vez que apenas uma potência racional age

> indeterminadamente. Nenhuma verdade particular limita o intelecto do ser humano; e nenhum bem particular força a vontade do homem. Se estamos procurando, então, pelo florescimento de ações virtuosas, precisamos olhar primeiro para o intelecto e a vontade; pois é dentro da parte racional do ser humano que a virtude primariamente reside. (BRENNAN, 2016, p. 210).

Assim, em consonância com o entendimento de Brennan (2016, p. 210) no seu estudo da psicologia tomasiana, reconhecemos que a compreensão acerca das virtudes humanas se inicia por aquelas que têm como sujeito a mais excelente das potências, isto é, a que de fato contempla a verdade: o *intelecto*. São as virtudes que lhe são decorrentes, chamadas de *virtudes intelectuais*, que, como se verá, são primariamente necessárias para o pleno desenvolvimento das demais, as quais, por sua vez, não possuem propriamente o intelecto como sujeito. Entre estas últimas, então - uma vez que já comentamos sobre as virtudes oriundas diretamente da ação *cognoscitiva* do homem -, restam as que pertencem à sua esfera *apetitiva*, ou seja, as que se originam não pelo simples conhecimento da verdade, mas, sim, pela inclinação correspondente do apetite intelectivo à verdade contemplada. São essas disposições que, formando-se diretamente pela ação da vontade, e, por isso, engendrando uma série de *comportamentos*, acabam por se tornar a *expressão prática* da vida contemplativa e da própria excelência das virtudes intelectuais, que lhe servem como pressuposto. Trata-se, portanto, das *virtudes morais*.

As virtudes pertencentes a esse domínio, contudo, não são originadas exclusivamente a partir da ação do apetite intelectivo. Na dimensão apetitiva da alma humana, lembramos que há, ainda, outros dois apetites de ordem inferior já examinados neste trabalho e que retomaremos neste momento: o *apetite concupiscível* e o *apetite irascível*. É justamente aqui que a relevância do apetite sensitivo ou sensualidade - a que pertencem esses apetites e que foi amplamente estudada no primeiro capítulo deste trabalho - ganha seu sentido, entrecruzando-se, enfim, com o que já expusemos a respeito do domínio racional do intelecto e da vontade sobre as paixões da alma[96][97]. Embora o papel das paixões, onde o estudo da psicologia tomasiana certamente se inicia, possa eventualmente parecer como possuindo pouca importância, ou apenas como sendo fenômenos a serem "superados" pela superioridade da razão, o fato é que, ao contrário disso, "as paixões humanas são fontes férteis para a ação" (BRENNAN, 2016, p. 210). Com isso, salientamos que, para Santo Tomás, o irascível e o concupiscível "podem ser sujeitos da virtude humana, pois enquanto participantes da razão são princípios dos atos humanos" (ST I-II, q. 56, a. 4).

> E é necessário admitir a existência de virtudes nessas potências; pois é claro que elas aí existem. Porque o ato procedente de uma potência movida por outra não pode

96 Cf. p. 95.

97 "O irascível e o concupiscível, porém, não obedecem ao nuto da razão, mas têm os seus movimentos próprios, às vezes, repugnantes à razão. Por isso no mesmo livro, o Filósofo diz que a razão rege o irascível e o concupiscível com um *governo político*, como o pelo que se governam seres livres, dotados em certos casos de vontade própria. E por isso é preciso haver, no concupiscível e no irascível, certas virtudes pelas quais essas potências fiquem bem dispostas ao ato". (ST I-II, q. 56, a. 4, ad. 3).

> ser perfeito sem ambas as potências estarem bem dispostas ao ato; assim, o ato do artífice não pode ser congruente se ele não estiver bem disposto a agir, assim como o seu instrumento. Por onde, para o irascível e o concupiscível, enquanto movidos pela razão, operarem acertadamente, é necessário o hábito que nos aperfeiçoa e leva a bem agir e existir, não só na razão, mas também neles (ST I-II, q. 56, a. 4).

Moya (2007, p. 143), em seu estudo sobre a perspectiva humana das paixões da alma no pensamento de Santo Tomás, demonstra que, com esse posicionamento, o Doutor Angélico evidencia a sua concepção, em consonância ao que já defendia Aristóteles, da *unidade* da pessoa humana. Como vimos anteriormente, o ser humano é, para o Aquinate, uma unidade substancial corpo-alma[98], de modo que "é justo observar que Santo Tomás de Aquino argumenta [...] que a paixão afeta a totalidade da pessoa corpóreo espiritual, mesmo que na dinâmica da ação humana o começo esteja necessariamente na afecção corporal" (MOYA, 2007, p. 152). Dessa maneira, podemos considerar que, ao mesmo tempo em que as paixões da alma podem, evidentemente, não obedecer ao império da razão e da vontade, concorrendo para uma degeneração da personalidade humana em razão do distanciamento da verdade e do bem, elas podem, de modo contrário, participar colaborativamente desta unidade da personalidade promovendo, no escopo da sensualidade, tudo aquilo que está em acordo com a nossa dimensão intelectiva[99]. Assim,

---

98 Cf. p. 58.

99 Comentando o pensamento de Santo Tomás neste tópico, alguns autores, como Moya (2007, p. 156) e Lombardo (2011, p. 89), fazem

"a unidade da pessoa introduz uma valoração moral quando a paixão não é considerada somente a partir da perspectiva do apetite sensitivo, mas, sim, sob a orientação da razão" (MOYA, 2007, p. 143).

Vemos como, dessa maneira, o amadurecimento do caráter mediante a formação de hábitos virtuosos é capaz de florescer, na pessoa humana, uma variedade de virtudes, trazendo-a para o patamar da excelência não só no âmbito intelectivo, que ordena toda a sua alma, como também nas demais potências inferiores, que, em que pese não possam governar a si mesmas, quando bem dispostas pela razão, ajudam a cooperar para que se alcance a felicidade. Desconsiderando as potências intelectivas, portanto, o ser humano não é mais capaz de agir em conformidade com sua essência racional; desconsiderando as potências

---

referência a um processo de "overflow" na dinâmica afetiva humana, segundo o qual a própria ação do apetite intelectivo "se derramaria" sobre o apetite sensitivo. Segundo Lombardo (2011, p. 90), ao apreender um bem, o intelecto faz com que a razão particular forme um objeto intencional capaz de estimular determinadas paixões, de modo que estas, então, acompanhem as potências intelectivas superiores, pois "a vontade não pode mover-se intensamente para nada sem provocar alguma paixão no apetite sensitivo" (ST I-II, q. 77, a. 6). "Overflow" pode ser traduzido por *redundância*, termo empregado por Santo Tomás de Aquino (ST I-II q. 38, a. 4, ad. 3) para descrever a ação de transbordamento do apetite intelectivo sobre o sensitivo, fazendo com que este seja "trazido" para junto da reta inclinação da vontade. Outro comentador que analisou este ponto foi Berro (2011, p. 2), que aponta para a presença de uma comunicação entre as principais dimensões ontológicas do homem – a intelectiva e a sensisitva -, em oposição à concepção dualista segundo a qual ambas possuiriam apenas objetos distintos – a contemplação e a paixão corporal – e que, por isso, seriam incomunicáveis, o que "põe claramente de manifesto as consequências da unidade substancial na estrutura da afetividade especificamente humana, inseparavelmente espiritual e sensitivo-corporal" (BERRO, 2011, p. 4).

sensitivas, contudo – e também as paixões, que, como vimos, são "fontes férteis de ações" -, amputa-se parte de sua própria natureza. Santo Tomás, consciente dessa realidade, sistematizou em seus trabalhos a contribuição de todos esses elementos para o desenvolvimento pleno da personalidade humana, que, quando maximamente atualizados, engendram as virtudes que abordaremos na sequência deste trabalho, guiados, além dos escritos do Doutor Angélico, pelo estudo *As Virtudes Fundamentais*, do filósofo de orientação tomista Josef Pieper.

3.4.1 As virtudes intelectuais

No capítulo seis da *Ética a Nicômaco*, Aristóteles elenca cinco virtudes que possuem como sujeito o intelecto e que, por isso, são chamadas de virtudes intelectuais: o entendimento, a ciência, a sabedoria, a arte e a prudência. Aristóteles (*Ét. Nic.*, 1139b), a quem segue o Aquinate, relaciona essas cinco virtudes como sendo os cinco hábitos pelos quais a alma expressa a verdade por afirma-la ou negá-la. Santo Tomás (*Com. Ét. Nic.*, 1146) afirma primeiro que a *ciência* é a virtude cujo objeto é a verdade eterna e necessária e que se adquire de modo certo. Trata-se, aqui, do conhecimento científico dos universais. Para que se possa proceder numa demonstração científica, atuando, assim, conforme a virtude da ciência, é necessário primeiro haver um conhecimento dos princípios a partir dos quais se inicia essa demonstração. São os primeiros princípios, já tratados anteriormente neste estudo[100], de caráter indemonstrável e que, como afirma Santo Tomás (*Com. Ét. Nic.*, 1179), são objeto da virtude do

100 Cf. p. 119.

entendimento[101], que é o hábito pelo qual, em virtude da luz do intelecto ativo, se conhece os primeiros princípios indemonstráveis. A junção do entendimento com a ciência gera, segundo o Aquinate (*Com. Ét. Nic.*, 1183) a *sabedoria*, virtude cujo objeto é, pelo conhecimento dos primeiros princípios, o corolário do conhecimento científico, que são as últimas causas – como Deus – e, por isso, ela é um "tipo de perfeição de todas as ciências" (*Com. Ét. Nic.,* 1183).

As virtudes acima são as disposições que têm como sujeito o intelecto *especulativo*, que é o que de fato, como dissemos acima, "afirma ou nega" algo em referência à verdade. Aristóteles (*Ét. Nic.*, 1139a) afirma que expressar a verdade ou falsidade também pode ser feito pelo outro intelecto, o prático, mas este expressa a verdade em conformação à reta disposição da vontade. Assim, Santo Tomás afirma que:

> Não é o intelecto especulativo que é um princípio de ação, mas, sim, a mente tendo um propósito ou ordenada a algo operativo individual como um fim. Essa é a razão ou intelecto prático, a qual governa não apenas operações ativas, que não se exteriorizam mas permanecem no agente – como desejar e ficar irado -, mas também operações fáticas que se exteriorizam, como, por exemplo, cortar e queimar (*Com. Ét. Nic.* 1135).

Portanto, o intelecto prático se relaciona com operações. Nesse aspecto, Aristóteles (*Ét. Nic.,* 1140a)

101 Lembramos, como foi dito anteriormente, que a tradução para o inglês utilizada para os *Comentários à Ética a Nicômaco*, emprega o termo "understanding", razão pela qual optamos por manter sua tradução literal, embora outras traduções, como a da própria *Ética a Nicômaco* usada neste trabalho, se utilizem de terminologias diferentes, como "razão intuitiva".

distingue dois tipos de operações que podem ser realizadas a partir da razão prática: produção e ação. O Estagirita reconhece que ambos os modos de operar (os mesmos hábitos, portanto) estão igualmente sob o mesmo governo do intelecto prático – ou seja, possuem o mesmo sujeito -, mas afirma que diferem em relação ao objeto, de modo que "o hábito que é ativo sob o guiamento da razão é diferente do hábito que é produtivo através da razão" (*Ét. Nic.*, 1140a). Em acordo com Aristóteles, Tomás (*Com. Ét. Nic.,* 1158) postula, então, que a primeira virtude, de produzir bem, é a *arte*, que se direciona ao objeto de produzir, por exemplo, na arquitetura. E, enfim, o Doutor Angélico (*Com. Ét. Nic.,* 1166) define a outra virtude como sendo a *prudência*, hábito que se volta à ação prática orientada pela razão, e relacionado não com coisas a serem produzidas, mas, sim, com ações boas ou más para si mesmo.

Dessas cinco virtudes mencionadas até aqui, convém nos debruçarmos mais prolongadamente sobre a virtude da *prudência*, em razão de seus aspectos particulares. Sobre ela, Pieper (2018, p. 13) afirma que se trata da "mãe e informadora de todas as outras virtudes [as três virtudes morais que serão estudadas na sequência]". Essa virtude possui tal proeminência por ser, então, o hábito que "cuida" das virtudes morais, que se lhes "derrama" no seu agir. Sem prudência, como se verá, torna-se impossível ter as demais virtudes que se voltam à ação. A diferença entre elas é que a prudência, embora aplique-se na prática da ação, ainda possui como sujeito o intelecto e, portanto, aquela noção de "afirmar a verdade e negar a falsidade" descrita anteriormente. E por isso "a prudência, na medida em que é a "justa constituição" da razão prática, apresenta, como esta, uma dupla face. É cognoscitiva e volitiva [...] Mas a intelecção dá-se primeiro e constitui o padrão determinante" (PIEPER, 2018, p. 23). É chamada, por isso, de *reta razão no agir* ou, então, *sabedoria prática*, originária do *phronesis* dos gregos. De modo que:

> A prudência ou, antes, a razão prática atuante na prudência é por assim dizer (e nisto se distingue do senso moral), a consciência da situação, a "consciência circunstancial". Os ditames da consciência moral, tal como o princípio de contradição para o saber concreto, constituem a terra firme, o ponto de partida para a concreta decisão da "consciência circunstancial". E nesta decisão encontra a consciência moral a sua aplicação verdadeira (PIEPER, 2018, p. 22).

Em virtude disso, podemos afirmar que, quem é conhecido por ser sábio, deve sê-lo, portanto, pelo hábito da sabedoria intelectual - através da qual se conhece as últimas causas, como Deus, e que tem como sujeito o intelecto especulativo - e também pela sabedoria prática, a prudência, que, operando sobre o sujeito do intelecto prático, é responsável por, através do conhecimento dos princípios universais angariado pela ciência e a sabedoria, aplicar esses princípios em uma *circunstância determinada do querer e do agir*, sempre sob o ordenamento da razão. Por isso é que se diz que a prudência é uma virtude intelectual pelo seu sujeito, mas moral pelo seu objeto. Dentro da esfera das virtudes morais, que estudaremos a partir de agora, a prudência, sendo a "mãe" de todas elas, forma, juntamente com as virtudes da *justiça*, *temperança* e *fortaleza*, o grupo das *virtudes cardeais*, que, para Tomás, são assim chamadas pois "as virtudes que implicam a retidão do apetite consideram-se principais. Ora, tais são as virtudes morais; e entre as intelectuais, só a prudência, que, contudo, é moral pela sua matéria" (ST I-II, q. 61, a. 1).

3.4.2 As virtudes morais

Como dissemos anteriormente, as virtudes que, em decorrência da contemplação da verdade, se voltam à *consecução do bem* são ditas virtudes morais. Para Santo Tomás (ST I-II q. 61, a. 1), tais virtudes, justamente por serem morais, são consideradas as *principais* dentre as virtudes humanas. Isso se dá em razão de serem virtudes que implicam uma retidão do apetite e que, por isso, não se caracterizam apenas por darem a faculdade de bem agir, mas, também, de *causar o bom uso da obra*. Desse modo, tratam-se, para Santo Tomás, de virtudes *perfeitas* e, por conseguinte, principais ou cardeais. A sua divisão, segundo o Aquinate (ST I-II q. 61, a. 2), se dá de duplo modo: em razão do seu princípio formal – que é o bem da razão - e do seu sujeito. Pelo primeiro, temos que a *prudência*, já estudada no tópico anterior, é virtude principal pela própria consideração da razão, uma vez que se trata de virtude que, embora possua aplicabilidade moral, é disposição do intelecto prático; afora da consideração estrita da razão, há as virtudes referentes à ordem da razão em relação a algum objeto: assim, a *justiça* se associa às obras e a *temperança* e a *fortaleza* às paixões, e, dentre estas duas, a primeira é a virtude que reprime a força contrária de uma paixão concupiscível face ao reto uso da razão e a última a que impede o afastamento, por força de uma paixão irascível, daquilo que é racional. E pelo sujeito, enfim, essas quatro fazem referência à razão, de modo que a prudência aperfeiçoa o que é propriamente racional, enquanto as demais residem no que é racional por participação, sendo a justiça na vontade, a temperança no apetite concupiscível e a fortaleza no apetite irascível.

Enquanto a prudência é a "mãe que informa" as demais virtudes cardeais, convém darmos maior atenção, aqui, à virtude da justiça, pois, seguindo o que é proposto por Santo Tomás (*Com. Ét. Nic.*, 908), essa pode ser considerada como a virtude mais perfeita dentre as virtudes morais. Isso sucede em razão de se tratar de uma virtude que tem como objeto o bem do *próximo*, isto é, que volta sua aplicação para o bem de outra pessoa e não apenas para si mesmo – algo que se configura como, evidentemente, mais árduo, o que o Aquinate de fato afirma nessa passagem -, de modo que "muitos podem praticar a virtude em coisas pertencentes a si mesmos, mas não em coisas pertencentes a outros" (*Com. Ét. Nic.*, 908). Assim, segundo Santo Tomás (*Com. Ét. Nic.*, 909), a justiça objetiva a realização de boas ações para as outras pessoas, para a comunidade ou o governante da comunidade, o que, precisamente, a torna uma "virtude perfeita". Esse conceito deve ser salientado em virtude do que o Doutor Angélico, em acordo à proposição de Aristóteles na *Ética a Nicômaco*, dirá na sequência, ao afirmar que "a justiça é uma virtude definitiva [...] que tende para o bem comum" (*Com. Ét. Nic.*, 912).

Josef Pieper estabelece contribuições pertinentes para a compreensão das virtudes morais elencadas acima, em particular a respeito da virtude da justiça. Para Pieper

(2018, p. 69), o pressuposto do conceito de justiça, que, para Santo Tomás, é a virtude que tem como objeto o bem do próximo, é o direito que cada um possui à *inviolabilidade da sua própria natureza*, entendido, por extensão, como o direito à própria dignidade. Isto pode ser percebido ao se recordar do que examinamos anteriormente sobre as noções de ato e potência na natureza do homem, princípio metafísico que fundamenta o aspecto, que lhe é inerente, das diferentes capacidades humanas[102] a serem atingidas e, assim, o da própria finalidade. Assim, podemos concluir que, para que as capacidades humanas floresçam, uma variedade de realizações e atos em geral devem ser feitos e, assim entendemos, *dados* ou *proporcionados* para que um sujeito possa, de fato, cumprir esse aprimoramento próprio da sua natureza. Pieper atribui a isso, enfim, a ideia de um *debitum*, "um dever e uma coisa devida[103]. Ser justo é reconhecer a dívida e pagar o que se deve" (PIEPER, 2018, p. 79).

Não podemos deixar de mencionar - o que o próprio comentador também afirma - que esse conceito nasce, na filosofia, com *A República* de Platão, na qual o filósofo grego originariamente cunha a conhecida definição de justiça como sendo a de "dar a cada um o que lhe é devido" (331e). Dever o quê? Tudo aquilo que contribui e concorre para a maximização das capacidades humanas

102 Cf. p. 105.

103 "É pelo fato de o homem ser pessoa, isto é, um ente espiritual, um ser inteiro, existindo em si e para si em ordem à sua plenitude, é por isso que, em um sentido insofismável, qualquer coisa pertence ao homem, é por isso que ele tem um suum inviolável, um direito que ele pode exigir a todos, e que todos têm a obrigação de, ao menos, não lesar" (PIEPER, 2018, p. 72).

e a formação de um caráter virtuoso, o que vai precisamente ao encontro do que Santo Tomás de Aquino chama de "bem do próximo", como vimos acima. Desse modo, em virtude de todo ser humano se constituir da mesma natureza e, consequentemente, se revestir da mesma dignidade, cada pessoa possui um *debitum* para com outra, de modo que todos colaboramos, sempre guiados pelo uso prático da razão – a prudência -, com o bem alheio, cooperando, dessa maneira, para a consecução da finalidade do próximo, e deste com a nossa. Operar neste sentido, então, é o que é ser justo, enquanto obstruir o que é devido a cada um configura a injustiça.

Algo de semelhante, no que diz respeito à noção de *debitum*, é atribuído, por Pieper (2018, p. 81), também às virtudes da fortaleza e da temperança. Ora, se é do escopo da obrigação moral de um indivíduo agir em cooperação ao aprimoramento da natureza humana – o que, quando referente aos outros, se dá na virtude da justiça -, tal atenção também deve se voltar ao cuidado com as capacidades *próprias*, da *própria natureza*, de modo que "um exame mais profundo mostra [...] que não apenas a justiça, mas todas as virtudes morais assumem caráter pessoal, *o caráter de ligação com um interlocutor, a pessoa a quem se deve alguma coisa*[104]" (PIEPER, 2018, p. 81). Na virtude da justiça, o interlocutor é o próximo, a quem se dá o que se deve tendo como sujeito desta ação a vontade. Nas virtudes da fortaleza e da temperança, por sua vez, o interlocutor das nossas operações, isto é, a quem desejamos bem obrar, somos nós mesmos, por ações que residem, como

104 Grifo nosso.

se viu, nos sujeitos respectivos dos apetites irascível e concupiscível.

Assim, a fortaleza, por ser a virtude que nos demove da fuga que as paixões do temor ou do desespero, por exemplo, podem suscitar, mantendo-nos firmes na operação da razão[105], se aplica para justamente ordenar o apetite irascível ao guiamento da razão e da vontade. Do mesmo modo, a temperança, ao equilibrar a operação do apetite concupiscível para que deste não se obtenha, em relação a determinado objeto, prazer ou tristeza por excesso ou por falta, está exatamente bem dispondo o indivíduo a ter sua concupiscência em perfeito domínio racional, contribuindo, assim, para que realidades como a do padecimento[106] e dos prazeres da carne, subjacentes às *passione animae* e que constituem parte inegável da vida

---

105 Com isso, podemos exemplificar o caso de alguém que, por temor de alguma ameaça, foge e abandona seus companheiros em uma guerra ou qualquer situação dificultosa, assim "deixando de obedecer à razão por causa de alguma dificuldade que se lhe opõe. E para arredar esse obstáculo é preciso a coragem da alma" (ST II-II q. 123, a. 1) – sendo coragem um fruto da virtude da fortaleza.

106 Sobre isso, é interessante notar, por exemplo, o papel de predominância que Santo Tomás (ST I-II, q. 35, a. 8) já assinala, no Tratado das Paixões, a respeito da tristeza e sua vinculação com a moralidade, especialmente ao abordar a misericórdia, virtude que, na verdade, se dá por ser, ela mesma, uma própria tristeza pelo mal alheio, enquanto a inveja, um vício, tem como princípio a tristeza sentida pelo bem do outro. Vidal (2008, p. 44), em seu trabalho a esse mesmo respeito, lembra que o Doutor Angélico, nesse ponto, dialogava com os estoicos, para quem qualquer tipo de padecimento seria ruim. O autor mostra, então, que, para Tomás, a tristeza pode, sim, quando abarcada pela reta ação da razão e da vontade, ser princípio de virtude ou, do contrário, de vício. Realçamos, novamente, o aspecto unitário da pessoa humana na sincronia entre paixões e virtudes e, por conseguinte, da própria estrutura geral da psicologia tomasiana.

humana, sejam não desordenadas ou desorientadas quanto ao fim do homem, mas, sim, inseridas harmonicamente na unidade da pessoa humana, de modo que o constructo de hábitos virtuosos acabe por produzir, por redundância[107], *boas paixões*, pois "toda virtude moral produz certas obras boas, e uma certa deleitação ou tristeza, que são paixões" (ST I-II q. 60, a. 2). Desse modo:

> O fim próprio das virtudes morais consiste na conformidade com a reta razão, e cabe a esta ordenar e determinar como o ser humano encontra o meio razoável, visto que cabe à temperança a tarefa de que o homem não se afaste da razão por causa da intemperança, como cabe à fortaleza que ele não se afaste do reto julgamento da razão por causa do medo ou da audácia. Os caminhos pelos quais o homem atinge o meio termo da razão competem à prudência. (MARTINES, 2019, p. 261).

Destarte, temos que as virtudes cardinais são quatro: *prudência*, *justiça*, *fortaleza* e *temperança*. Como dissemos, são assim chamadas pois cumprem boa obra e porque, destas quatro, todas as demais virtudes morais se originam e se lhe subordinam. Embora não seja do escopo deste estudo apresentar cada uma dessas demais virtudes pormenorizadamente – tendo-nos privilegiado apenas as ideias mais centrais da ética e da psicologia tomasianas e, sobretudo, seus fundamentos e origens -, Santo Tomás de Aquino descreve de modo amplamente detalhado, na *Suma Teológica*, as diferentes características de cada uma dessas virtudes cardeais e de suas virtudes anexas[108], no

107 Cf. p. 142.

108 Santo Tomás, na ST II-II, descreve, por exemplo, a *eubulia*, isto é, a disposição de bem aconselhar, como virtude subjacente à prudência

Tratado sobre a Prudência, *Tratado sobre a Justiça*, *Tratado sobre a Fortaleza* e *Tratado sobre a Temperança*. Da mesma maneira, não nos deteremos a analisar os diferentes vícios opostos a todas as virtudes aqui nomeadas, bastando a compreensão, para o objetivo deste estudo, de se calcarem na ausência de uma virtude, seja por excesso ou por falta. Antes do que esmiuçá-los, portanto, propusemos primariamente a análise e o desenho do percurso que, para Santo Tomás, deve-se tomar para a consecução da plenitude da alma, o que se dá por uma vida orientada intelectualmente segundo a verdade, em sua contemplação, e assentada, pela reta disposição da vontade, no bem, capaz de engendrar, assim, a manifestação visível da *beatitude*: a vida virtuosa.

3.5 A EDUCAÇÃO DA VONTADE

Não obstante o presente estudo tenha se esforçado em examinar sobretudo os aspectos especulativos da psicologia de Santo Tomás – com a conceituação das diferentes potências da alma intelectiva e seus hábitos -, resta-nos, ainda, o trabalho de expor aquilo que, no domínio estritamente prático, é capaz de factualmente *forjar* o caráter virtuoso que explanamos anteriormente. Isto é, estamos aqui a falar dos diferentes modos e

(q. 51, a. 1); o *respeito* como subjacente à justiça (q. 102, a. 1); a *paciência* como subjacente à fortaleza (q. 136, a. 1); e o *jejum* como subjacente à virtude da temperança (q. 147, a. 1). Para uma maior compreensão das diferentes virtudes morais secundárias às virtudes cardeais apresentadas acima, sugerimos, além das obras de Santo Tomás e dos demais comentadores já citados, que privilegiam a conceituação técnica dos hábitos virtuosos, a obra *Virtudes no Cotidiano* (PINHEIRO, 2022), que também enfatiza, além das definições teóricas, a sua aplicação prática no cotidiano.

mecanismos que, num processo puramente *pedagógico*, podem *ensinar* o ser humano a observar-se e a moldar, gradativamente, a sua personalidade rumo àquela plenitude propriamente humana que propusemos, a partir do pensamento tomasiano, neste trabalho. Somando-se a alguns apontamentos realizados pelo Doutor Angélico, apoiamo-nos principalmente, para melhor compreender este último tópico, nos trabalhos sobre a educação da vontade de Jules Payot, e a conquista das virtudes, de Francisco Faus, além do primoroso trabalho de M. Echavarría, que já tem nos servido como base para o aprofundamento de diferentes ideias[109].

3.5.1 Como desenvolver as virtudes humanas?

Podemos iniciar a nossa compreensão a respeito desse tópico extraindo seu fundamento já na própria obra que fornece os princípios éticos que seriam elaborados em maior profundidade pelo Doutor Angélico: a *Ética a Nicômaco*, onde o Filósofo traz alguns apontamentos sobre as características do processo de aquisição de virtudes. Inicialmente, Aristóteles (1099b) afirma que a felicidade – objeto por ele perquirido como causa final da vida humana, que, como vimos, supõe o caráter virtuoso – é adquirida por meio de *estudo* e *exercício*.

109 Embora Payot e Faus não sejam autores vinculados diretamente a uma tradição tomasiana de pensamento, não sendo, portanto, comentadores diretos da filosofia de Santo Tomás de Aquino, sua inserção neste estudo nos parece convir em virtude da contribuição que ambos proporcionaram para a melhor compreensão de temas que foram, fundamentalmente, tratados pelo Aquinate - como, justamente, a educação da vontade - além de, nesses aspectos, mostrarem-se alinhados com o seu pensamento.

Comentando essa passagem, Santo Tomás (*Com. Ét. Nic.*, 169, 170) reforça esse conceito, afirmando que o exercício e a disciplina são necessários para a obtenção da felicidade pois se trata de uma felicidade *humana*, isto é, cuja potencialidade é inerente ao homem, que é propriamente quem *desenvolve* e *atinge* esta felicidade, a qual, embora se considere "excelente e divina", como o Estagirita e o Aquinate afirmam, pressupõe, assim, uma ação *humana* para a sua conquista.

Dessa maneira, se é o homem quem *trabalha* para isso, é premente que ele se *exercite* e se *discipline*. Na sequência, Aristóteles (1103a), já quando passa a definir, na *Ética*, o próprio conceito de virtude como vimos anteriormente, amplia a conceituação acima ao afirmar que a formação da virtude depende de *ações costumeiras* para que ela se aprimore. Isso se aplica, diz Aristóteles, segundo comentário de Santo Tomás (247), especialmente às virtudes morais, que supõem este tipo de atividade para serem ordenadas. Em relação às virtudes intelectuais, por sua vez, o Aquinate (246) reforça a posição aristotélica que as considera como frutos de um processo de *aprendizado*. De um modo ou de outro, Tomás de Aquino parece adotar a mesma postura de Aristóteles, que enfatiza a necessidade do *uso* para que determinadas ações se tornem um hábito virtuoso:

> A razão para isso é que a virtude moral pertence ao apetite que opera em acordo com o fato de ser movido pelo bem apreendido. Quando o apetite opera frequentemente, portanto, ele deve passar a ser frequentemente movido pelo seu objeto. Nisso, o apetite segue uma certa tendência em acordo com a sua natureza, como muitas gotas de águas que, ao bater em uma pedra, a quebram. Assim, é

> claro que as virtudes morais não estão em nós por natureza, e tampouco pertencem a nós de modo contrário à natureza. Nós realmente possuímos um apetite natural para adquiri-las na medida em que a potência apetitiva é naturalmente adaptada para obedecer a razão. Mas nós somos aperfeiçoados nessas virtudes pelo uso, *pois quando agimos repetidamente em acordo com a razão, uma modificação é impressa no apetite pelo poder da razão*[110]. Essa impressão não é nada mais do que a virtude moral. (*Com. Ét. Nic.*, 249)[111].

Salientamos, na passagem acima, a ideia da *repetição*. Para Santo Tomás de Aquino, portanto, um hábito é solidificado, tornando-se uma virtude, essencialmente por meio da *repetição* dos atos que lhe são subjacentes. Recorrendo a atividades comuns do dia a dia para que se ilustre melhor, podemos pensar, por exemplo, que para um atleta de uma determinada modalidade esportiva tornar-se excelente naquilo que faz, ele certamente deverá repetir uma série de atos que permeiam a rotina daquela atividade. Em muitos momentos, ele incorrerá em erros, mas é a partir deles que aprenderá a como agir melhor posteriormente. Se podemos falar assim acerca da excelência apenas em um esporte, também podemos assim nos referir sobre a excelência humana como um todo, justamente o que Aristóteles e o Doutor Angélico usam como definição do caráter virtuoso que se

110 Grifo nosso.

111 Embora Santo Tomás e Aristóteles relacionem explicitamente esse conceito com as virtudes de natureza moral, parece-nos possível, também, relacioná-lo com o processo de aquisição de virtudes intelectuais, que, como dito, depende de um aprendizado. Ora, cremos poder afirmar que um aprendizado sólido e contínuo, que aperfeiçoe as virtudes intelectuais, depende, também, de atos repetitivos de exercício, estudo, disciplina, etc.

objetiva construir ao se atingir a felicidade beatífica[112]. E é por isso que "os homens se tornam justos, temperantes ou corajosos praticando ações justas, temperantes ou corajosas" (*Com. Ét. Nic.*, 250).

A esse respeito, Echavarría (2021, p. 181) recorda que as virtudes naturais, estas que vimos até o presente momento, são virtudes *adquiridas*. E como tal, por não nos serem propriamente inatas, elas são originadas unicamente pela "repetição de atos virtuosos", o que implica uma resistência *prolongada* às más inclinações e tendências. Isto é, se me deparo com uma inclinação ruim da sensualidade, utilizo-me da virtude da prudência – a reta razão no agir -, que, como vimos, está calcada nos princípios ínsitos e práticos da sindérese, e elejo o melhor meio possível para me afastar dessa conduta viciosa, aproximando-me do bem. É claro que para que isso se dê, é necessário que antes eu *conheça o que é o bem*, o que se dá pela contemplação da verdade, que já expusemos ser, justamente, a causa final do ser humano. Sem o alcance desta causa final e o conhecimento da verdade, não há o que ser entregue ao apetite intelectivo como um bem a ser perquirido. Como afirmamos anteriormente, a principal virtude intelectual – por seu sujeito – a cooperar, então, na tarefa de guiar um indivíduo nas suas decisões e na construção dos demais hábitos é a *prudência*, que o ilumina em cada escolha orientando-o à consecução de atos repetitivos que culminarão, enfim, em uma virtude, uma boa "disposição dificilmente móvel".

Para Santo Tomás, "a prudência adquirida é causada pelo exercício dos atos; por isso, precisa, para

112 Lembramos que, aqui, nos referimos à beatitude por participação, imperfeita, e não a perfeita, que se dá apenas na vida eterna.

existir, da *experiência*[113] e do tempo, como diz Aristóteles" (ST II-II q. 47, a. 14, ad. 3). O tema da experiência, como dito acima pelo Aquinate, é significativamente abordado por Echavarría em seu estudo a respeito da práxis da psicologia tomasiana. Para Echavarría (2021, p. 300), a experiência - ou *experimentum* – é especialmente necessário para a prática humana e o modelamento de virtudes próprias do comportamento humano. Para ele, o *experimentum* não é o simples ato da experiência sensorial, mas, sim, o resultado da combinação operativa de dois dos sentidos internos estudados no capítulo um deste trabalho: a memória e a *vis cogitativa*, ou razão particular. A razão particular é o sentido responsável por captar a intencionalidade dos entes apreendidos pelos sentidos externos, enquanto a memória é responsável por conservar essas intenções. Deste trabalho combinado, portanto, surge o *experimentum*, que é o conjunto de experiências - *vinculadas às suas intencionalidades* - vividas por uma pessoa. Trata-se, assim, da "impressão" marcada, na memória, pela realização de atos ao longo da vida. Desse modo, diferentes e repetidos atos *imprimem* continuamente uma tal intencionalidade na memória – criando, assim, um *experimentum* – que originam inclinações e disposições mais facilitadas e favoráveis para a vontade, isto é, hábitos virtuosos.

Podemos ver como, para Santo Tomás, portanto, o sentido da memória, ao guardar as intenções inicialmente captadas pela razão particular, possui papel preponderante no processo de aprimoramento do caráter humano, pois

113 Grifo nosso.

conserva as impressões das experiências acumuladas ao longo da vida e, assim, impulsiona o modelamento dos comportamentos vindouros. Na *Suma Teológica*, Santo Tomás (II-II, q. 49, a. 1, ad. 2) relaciona quatro modos pelos quais uma pessoa pode aperfeiçoar a sua memória, contribuindo para esse amadurecimento: a) relacionar aquilo de que se quer lembrar com certas semelhanças convenientes e corpóreas, pois aquilo que é sensível é melhor conservado do que o que é puramente espiritual; b) *ordenar* as lembranças, de modo que, assim, se constitua uma hierarquia de importâncias; c) colocar o *afeto* nas recordações, de maneira ordenada, pois isso ajuda a melhor recordação; d) meditar sobre os conteúdos da memória, pois, ao procurar inteligir sobre esses conteúdos, melhor se os recorda, o que já implica um certo ordenamento natural. Por essas razões, diz Echavarría que:

> O *experimentum* não é, pois, um simples resultado passivo da acumulação de recordações, mas supõe a atividade, por assim dizer, "sintetizadora" da cogitativa. Esta compara as recordações entre si. Desse modo, produz uma *ordem* entre as imagens e *intentiones*, que é princípio do ato de *reminiscência*, ordem que se fixa pela meditação. Por isso, para curar uma pessoa de seus desvios de caráter – para o que é necessário fazê-la ver a realidade *como ela é*, o fim e os meios reais para alcança-lo, vale dizer, torna-lo prudente -, é necessário dissolver a imagem falsa, ou a rede de representações que ela fez de si mesma e da realidade. Isto implica uma *reeducação de suas faculdades cognitivas*, especialidade da cogitativa (que julga o valor particular), da memória, que é o receptáculo do falso eu com que a pessoa erroneamente se identifica, e do intelecto. (ECHAVARRÍA, 2021, p. 302).

Em face disso, realçamos o aspecto não só do ativo ordenamento hierárquico que deve ser feito no *experimentum* - o que parece já estar suposto pelas próprias noções de finalidade e caráter humanos sobre o que discorremos neste trabalho, pois voltar-se a um único fim por meio de atos da vontade implica, necessariamente, uma ordem, o que já está estabelecido nas próprias diferenças ontológicas entre intelecto e sensualidade -, mas também o que o Aquinate aponta acerca da importância da *afetividade* para esse exercício da memória e a edificação do caráter virtuoso. Mais uma vez recordamos, aqui, a importância não esquecida que Santo Tomás de Aquino parece conferir às paixões da alma, substrato basilar dessa afetividade. Ou seja, quando *retamente ordenadas segundo a razão*, a afetividade oriunda das *passione animae* desempenha papel consideravelmente relevante para esse processo, pois é o que *ajuda* a imprimir uma determinada lembrança na alma, e "quanto mais profundamente uma coisa se nos gravar na alma, tanto menos dela se apagará" (ST II-II, q. 49, a. 1, ad. 2)[114].

114 O que se aplica, também, para o modo inverso, pois um indivíduo vicioso também persevera em seus atos viciosos influenciados pela "impressão" afetiva que, naqueles atos, as paixões lhe conferem, de modo que "os lesados por uma paixão não desviam facilmente a imaginação do objeto do seu afeto. Portanto e consequentemente, o juízo da razão quase sempre é consecutivo à paixão do apetite sensitivo; e, por conseguinte, também o movimento da vontade, ao qual é natural obtemperar sempre ao juízo da razão" (ST I-II, q. 77, a. 1). A diferença consiste em que, no virtuoso, o que o guia é, não primeiramente a paixão, mas, sim, a razão e a vontade, sem a paixão, contudo, deixar de ter influência decisiva para a persistência desses atos de virtude, uma vez que, afetivamente, ela ajuda a conservar na memória o bem de cada ação virtuosa e, assim, a impulsionar a sua repetição na consolidação final de um hábito.

Echavarría (2021, p. 305) aponta que tal elaboração de uma influência afetiva sobre as decisões da vontade pode ser chamado, sob a ótica do pensamento tomasiano, de *co-naturalidade afetiva com o bem*. Sob essa consolidação retamente disposta da afetividade, cria-se uma certa inspiração, podemos assim dizer, capaz de continuamente levar o indivíduo à correta ação da vontade, pois, dessa maneira, estando o bom afeto de tal modo enraizado na alma, ele "dela não se apagará". Trata-se, como já dissemos, de uma poderosa *impressão* a impelir e movimentar o homem no auxílio da prática do bem, com a boa inclinação da vontade. O próprio Doutor Angélico (ST II-II, q. 49, a. 1, ad. 2) salienta, por exemplo, a importância que, para isso, pode-se ver na pedagogia das crianças. Para uma criança, que ainda se encontra em fase de aprendizado, é absolutamente crucial que boas impressões *afetivas* sejam criadas a respeito de boas disposições, para que sejam estas a se consolidar como hábitos (virtuosos), e não o contrário[115].

Por fim, outros autores contemporâneos também trataram do tema da educação da vontade, relacionando-a especialmente à ideia de um ordenamento afetivo e à co-naturalidade afetiva com o bem como expusemos acima. Payot (2018, p. 50), em sua obra *A Educação da Vontade*, por exemplo, afirma o papel preponderante que

115 Sobre esse tópico, Echavarría (2001, p. 351) lembra que, para Mercedes Palet, psicóloga especialista na pedagogia infantil e de orientação tomista, a criança possui etapas gradativas de desenvolvimento, e uma delas, antes de atingir a idade da plena compreensão racional, é justamente caracterizada pela formação da afetividade, em que há, assim, um necessário *ordenamento afetivo* – que, para ela, se dá sobretudo pelo *exemplo* - para que, ao se adentrar na "etapa da razão", a criança já possa estar com as impressões afetivas devidamente dispostas em relação ao bem.

a afetividade – atrelada por ele à sensibilidade – possui no desenvolvimento de virtudes. Dentre inúmeros exemplos que cita, podemos pensar na ideia de uma pessoa abandonada ao alcoolismo: essa pessoa pode muito bem, a partir de certo momento, *entender* que ser um alcoólatra é algo ruim, mas de nada isso adiantará se a isso não se somar um *sentimento* ou um *afeto* que lhe seguem – evidentemente, sempre subordinados à compreensão racional acerca do bem. De modo que:

> Quando a inteligência está lutando sozinha, sem nenhum auxílio, contra a brutal coorte das potências sensuais, está condenada à impotência. Num estado saudável, esse isolamento da inteligência é impossível; mas a enfermidade fornece-nos com muita evidência a prova de que toda força instigadora de atos importantes emana da sensibilidade. Não pretendemos que a inteligência não tenha força nenhuma; mas que ela é impotente para vencer ou recalcar as pesadas e espessas inclinações animais, isso nos parece evidente. (PAYOT, 2018, p. 50).

Em complemento à importância que demos ao papel da afetividade na formação e aquisição das virtudes, Faus (2014, p. 81), enfatiza a necessidade que podemos encontrar, para que um indivíduo – e sobretudo uma criança – possa ser orientado corretamente nessa afetividade, em haver diante de si, ao longo da vida, diversos *exemplos* de pessoas virtuosas praticando ações dessa natureza. Isso se dá, para Faus, porque, quem não vê as virtudes diante de si, operadas ativamente por uma determinada pessoa exemplar, dificilmente as reconhecerá ou porá em prática futuramente, pois, pelo mero entendimento intelectivo e abstrato das virtudes, sem a ação virtuosa mostrada com vitalidade diante dos olhos, sucede que alguém, nessa formação deficitária, provavelmente entenderá as virtudes apenas como certos "mandamentos frios", sem verdadeiramente compreender o bem que há em sua essência, mas, ao contrário, "o coração que vê virtudes autênticas, as admira e as deseja. Nasce e cresce dentro dele a vontade de procurar, de aprender, de praticar essas virtudes, de fazer delas os verdadeiros "valores da vida" (FAUS, 2014, p. 84). Desse modo, enfim, "a formação começa pelos *olhos*, que veem o exemplo das virtudes; passa pelo *coração*, que se encanta com elas; e chega até a *cabeça*, que as quer compreender" (FAUS, 2014, 81).

3.5.2 O papel da Graça na disposição da vontade

Vimos como a finalidade humana se encontra, para Santo Tomás de Aquino, na *beatitude*, estado de contemplação da verdade, que sucederá, de modo perfeito, na vida eterna, ou, antes, imperfeito, ao sermos apenas "felizes como homens"[116]. Neste tópico, necessário é salientar a relevância que, para a consecução dessa finalidade, representa um elemento de cunho estritamente teológico, que é a *graça*, algo sem o qual não se é capaz de entender plenamente o pensamento do Doutor Angélico. Até o presente momento, procuramos, esforçadamente, enquadrar os posicionamentos do Aquinate, explanados neste estudo, em arestas unicamente filosóficas, pois de fato não deixam de sê-lo. Contudo, convém recordarmos que Santo Tomás foi, além de filósofo, frade dominicano e, por isso, teólogo de primeira

116 Cf. pg. 110.

grandeza, tendo "ajuntado e sementado [as doutrinas dos grandes homens do passado], distribuído em maravilhosa ordem e lhes acrescentado com importantes adições, sendo por isso corretamente estimado como baluarte e glória da fé católica" (LEÃO XIII, 1879). E, por isso, não esperamos poder apresentar, neste trabalho, uma dimensão verdadeiramente ampla que possa totalizar o necessário escopo do seu pensamento sem adentrar em um tema desta natureza. E, assim, transcendendo o presente estudo para a esfera da teologia, "é necessário, pois, ter cuidado em não reduzir o tratado da graça a uma consideração metafísica e antropológica" (ANDEREGGEN, 1996-1999, p. 459).

O que abordamos neste trabalho até os tópicos anteriores expõe um entendimento filosófico que Santo Tomás compartilha, em grande medida, com Aristóteles, que viveu em uma época não somente pré-cristã como, também, de domínio pagão. Isto é, sob esta perspectiva é que as virtudes até agora assinaladas – as morais e as intelectuais – podem ser compreendidas como sendo virtudes meramente *humanas* e, por isso, *adquiridas*. É o ser humano, com seu próprio esforço, que pode vencer a sensualidade e tornar-se virtuoso e, por isso, como o Estagirita afirma, feliz. Contudo, embora reafirme todo esse posicionamento, o Doutor Angélico, já inserido em uma sociedade inteiramente cristianizada, admite, em seu pensamento, as premissas teológicas da Revelação, e, com isso, passa a referir o ideário ético aqui proposto com pressupostos que vão além da mera especulação filosófica. Trata-se, sobretudo, da ideia de *pecado original*, responsável por corromper a integridade da natureza humana, e da *graça*, responsável por restaurá-la. E, claro, tudo isso em referência àquilo que, para Santo Tomás de Aquino, já vimos significar a finalidade última do ser humano: Deus[117]. E assim, o Aquinate postula:

> No estado de natureza íntegra, podia o homem, quanto o exigem os atos virtuosos e só ajudado das suas faculdades naturais, querer e obrar o bem proporcionado à sua natureza, tal como é o da virtude adquirida; não porém o da virtude infusa, que lhe excede a natureza. No estado da natureza corrupta, porém, o homem falha, mesmo no que poderia por natureza alcançar, de modo que não lhe é possível fazer, só pelas suas faculdades naturais, todo o bem de que sua natureza é capaz [...] Por onde, o homem necessita, no estado da natureza íntegra, do auxílio da graça, acrescentado às suas faculdades naturais, mas só para fazer e querer o bem sobrenatural. No estado da natureza corrupta, porém, precisa desse auxílio, primeiro, para fortificar-se, e depois para praticar o bem da virtude sobrenatural, que é meritório (ST I-II q. 109, a. 2).

Andereggen (1996, p. 455) analisa as proposições do Aquinate a respeito do papel desempenhado pela graça recorrendo a algo que pode nos parecer bastante evidente: a nossa causa final, que é a visão beatífica de Deus, do "ser em ato puro" ou "primeiro motor imóvel" é *necessariamente* superior a qualquer uma das nossas capacidades enquanto seres humanos. Isto é, ao esforçar-se em conhecer a Deus, que é o próprio ato puro, como seria possível a alguém, *que não é ato puro* – e que, portanto, encontra-se em um nível ontológico muito inferior -, atingir esse conhecimento pelas próprias forças? Trata-

117 Cf. pg. 108.

se, portanto, de almejar uma finalidade que está muito *além* das nossas capacidades naturais, pela própria característica ontológica que nos determina. É por isso que Deus opera com a sua *graça*, que nos alça a este grau de coadunação com Ele e através do qual, portanto, podemos nos desenvolver plenamente como seres humanos, ao vencer a corrupção da nossa integridade causada pelo pecado original[118].

Naquilo que é significante para o nosso estudo, surge, a partir disto – e esta é a razão pela qual optamos por abordar este tema ao final – uma nova classe de virtudes, que são as *virtudes teologais*. Diferentemente das virtudes naturais, humanas, que vimos anteriormente e que são *adquiridas* pelo esforço pessoal – com o auxílio, também, da graça, para a sua plena ação -, as virtudes teologais são virtudes ditas como *infusas*, pois são infundidas no ser humano unicamente através da ação da graça. Ou seja, ao contrário das virtudes adquiridas, que, mesmo não sendo ainda em sua plenitude, podem se desenvolver parcialmente pela ação humana, não é possível a nenhum indivíduo obter uma virtude teologal por vias próprias, em nenhum aspecto. São virtudes entregues por Deus a cada pessoa, por isso através de uma "graça" e, desse modo, "infusas". E, assim, "as virtudes teologais são

118 Não julgamos pertinente, para o escopo deste trabalho, o exame mais detalhado dessa realidade teológica mencionada acima (o pecado original), sendo suficiente, para a compreensão da sua inserção neste texto, o entendimento de que se trata do primeiro ato de desobediência do homem em relação a Deus no Éden, e que engendrou, na natureza humana, a sua corrupção e tendência concupiscente aos vícios. Para estudo mais aprofundado, as origens e implicações teológicas do conceito do pecado original podem ser adequadamente esmiuçados na própria obra de Santo Tomás, como a *Suma Teológica*.

o primeiro florescimento da graça: a fé que opera por meio da caridade, que engendra a esperança. Essa graça recebem os homens pelo Filho de Deus feito homem" (ANDEREGGEN, 1996, p. 464).

3.5.3 As virtudes teologais e a plenitude por meio da Graça

Com a operação exclusiva da Graça, portanto, somos capazes de nos desenvolver mais do que aquilo que, apenas humana ou naturalmente, podemos imaginar. O fato é que, para Santo Tomás de Aquino, todo o processo do aprimoramento do caráter que explicamos neste estudo não pode se cumprir efetivamente se não vier a se conectar, enfim, com a consecução das virtudes teologais. Pois, como dissemos, estas são as virtudes que diretamente *provêm da causa última*, que é Deus, até nós. Sem estas, apenas com as virtudes que adquirimos humana e naturalmente, é como se ainda nos sobrasse uma certa lacuna ou vazio a serem preenchidos, uma vez que "a visão beatífica [nossa finalidade] significa nem mais, nem menos que *entender Deus* (todo, mas não totalmente, o qual obviamente é um mistério que *supera nossa capacidade de distinguir*[119]" (ANDEREGGEN, 1996, p. 455).

Por *superar* inefavelmente toda a nossa capacidade de compreensão e, por conseguinte, de gozo ou fruição, temos que, para modelar *plenamente* nossa vontade à contemplação da verdade pelo intelecto – sendo esta contemplação, como se viu, a contemplação de Deus -, sucede que a mera aquisição de virtudes naturais – morais e intelectuais – mostra-se completamente insuficiente, pois a verdade, que é Deus, sempre será maior do que tudo o

119 Grifo nosso.

que o nosso próprio esforço pode abarcar. Disso decorre a necessidade das virtudes infusas ou teologais, que, por meio da ação exclusiva da graça, recebemos, tornando-nos, assim, capazes de sermos efetivamente partícipes[120] de Deus e da visão beatífica.

A primeira das virtudes teologais descritas pelo Doutor Angélico na *Suma Teológica*, II-II, q. 4, a. 1, é a *fé*. Apoiando-se em frase do apóstolo Paulo (Hb 11, 1), onde este afirma que "é a fé a substância das coisas que se devem esperar, um argumento das coisas que não aparecem", Santo Tomás a esmiuça procurando aprofundar seu entendimento e defini-la em bases mais filosóficas. Santo Tomás distingue três elementos para essa compreensão, que subjazem à fé como virtude: hábito, ato e objeto. O primeiro, parece-nos claro afirmar, refere- se ao fato de a fé, como virtude, ser hábito. Seu ato, por sua vez, é o de *crer*; e seu objeto – este sendo o mais importante – é, por um lado, o objeto do intelecto, que é a verdade, e, por outro, o objeto da vontade, que é o bem, ambos convergindo para o *fim*. Isto é, o objeto da fé, a verdade e o bem, é o fim em si mesmo, a finalidade última do homem, que é Deus, de modo que "a verdade primeira enquanto inevidente e as verdades a que, por causa dela, aderimos, constituem o objeto da fé", ou então, reduzindo a fé à forma de definição, "é a fé um hábito da mente, pela qual começa a vida eterna em nós, o que faz a inteligência assentir ao que não aparece" (ST II-II, q. 4, a. 1).

Nas *Questões Disputadas sobre a Virtude*, q. 4, a. 1, Santo Tomás argumenta que a fé não é propriamente uma virtude senão quando considerada em referência a

120 Cf. pg. 108.

seu objeto formal, e não material, isto é, como sendo seu objeto não Deus em Si mesmo – aquele que "não aparece" -, mas, sim, o *testemunho* de Deus que se dá a partir das verdades que decorrem desta verdade incriada. Isso porque Deus, *stricto sensu*, nunca será visto senão na vida eterna, de modo que tal disposição – o hábito da fé – só pode se completar em perfeição, nesta vida, quando aderimos à beatitude de modo imperfeito, como já examinado anteriormente. O mesmo, portanto, sucede com a *esperança*, que nada mais é do que uma consequência da virtude da fé. Ora, se tenho certeza daquilo que não aparece, é porque *espero* que venha a aparecer. Da mesma maneira, isso sucede de duas formas: esperando a vida eterna em si mesma, disposição que não pode se dar de modo perfeito antes de atingi-la, ou, então, esperando o *auxílio divino* nesta vida, o que pode perfeitamente ocorrer, sendo este, portanto, o objeto formal da esperança. Percebamos que, em ambos os casos, o da fé e o da esperança, trata-se da *infusão* de uma realidade transcendente e superior em nós mesmos, qual seja, o testemunho de Deus, que não se dá sem que Ele mesmo cause este testemunho, e a espera do auxílio de Deus, que, evidentemente, ocorre por Deus mesmo assim operar.

A última e mais importante virtude teologal tratada por Santo Tomás de Aquino e examinada neste trabalho é a *caridade*. Também nas *Questões Disputadas sobre a Virtude*, q. 2, o Aquinate discorre sobre algumas das características dessa virtude, que, como se verá, é a *mãe de todas as virtudes*. Primeiramente, no a. 1, Santo Tomás salienta o aspecto de virtude infusa a partir do qual a caridade se forma, reafirmando, como já se viu, que um ato voluntário que visa ultrapassar o que é próprio da natureza humana não pode, *por si só*, operar e atingir este fim, uma vez que ele se encontra acima da capacidade das faculdades humanas, sendo necessário, para isso, a presença de algo intrínseco que *aperfeiçoe* a natureza da vontade. Isso é o que se dá com as virtudes vistas acima – fé e esperança -, mas, sobretudo, também, com a caridade, pois, como afirma Santo Tomás:

> Esta é a caridade, *que ama a Deus por Ele mesmo e aos próximos que são capazes da beatitude*, assim como a si mesmos. E ela repugna todos os impedimentos para si mesmos e para os outros. Por isso, a caridade nunca pode existir com o pecado mortal, que é um impedimento da beatitude. Portanto, é evidente que a caridade não é apenas uma virtude, mas a *principal dentre as virtudes* (QDVi, q. 2, a. 2)[121].

E por isso é que a caridade é também uma virtude infusa e, além disso, a principal dentre as virtudes, uma vez que "*o objeto da caridade, a saber, Deus*[122], transcende toda faculdade humana. Por isso, por mais que a vontade humana se esforce para amar a Deus, ela não pode alcança-Lo quanto à proporção de que deve ser amado" (QDVi, q. 2, a. 2, ad. 13). Ou seja, o que sucede é que o objeto mesmo da caridade, como virtude, não é, por exemplo, o bem do próximo e o bem comum, como na justiça, ou os melhores meios de ação, como na prudência. É claro que, nessas virtudes, assim como em qualquer outra, todos os seus objetos constituem-se *em função* de um fim último, que é Deus, mas com a caridade,

121 Grifos nossos.
122 Grifo nosso.

por sua vez, procuramos repousar a nossa vontade diretamente, *simpliciter*, em Deus, tendo-O como objeto e fim direto, e não apenas habitual ou indireto. E por isso:

> É evidente que o ato de todas as outras virtudes se ordena ao fim próprio da caridade, que é o seu objeto, a saber, o sumo Bem. E isto é manifesto acerca das virtudes morais, pois as virtudes desse tipo são acerca de alguns bens criados que se ordenam ao bem incriado, como ao fim último. Ora, o mesmo é evidente acerca das demais virtudes teologais, pois o ente incriado é, de fato, objeto da fé, enquanto verdadeiro e, quanto é apetecível, tem razão de bem. E, assim, a fé tende ao mesmo, enquanto é apetecível, porque ninguém crê, a não ser querendo. No entanto, o objeto da esperança, ainda que seja ente incriado, enquanto é bom, depende ainda do objeto da caridade, porque o bem é objeto da esperança enquanto é desejável e acessível, pois ninguém deseja algum bem a não ser porque o ama (QDVi, q. 2, a. 3).

Isto é, mesmo as demais virtudes teologais, que também se inclinam a Deus como objeto, assim o fazem, no entendimento do Aquinate, sob a razão primeira da caridade, através da qual *se ama a Deus*. Como afirma o Doutor Angélico, ninguém *crê* ou *espera* um determinado objeto, se primeiramente não o *ama*. Sob esse prisma é que Santo Tomás (QDVi, q. 2, a. 3) afirma que a caridade é a *forma, o motor e a raiz de todas as virtudes*. No mesmo artigo, Santo Tomás complementa afirmando que se trata de um "motor" das demais virtudes pois, como dissemos acima, todas as virtudes se orientam, de algum modo, à finalidade última que é Deus, e, portanto, à própria caridade. Parece-nos difícil não sustentar essa afirmação quando, de fato, tentamos imaginar alguém que age com justiça, prudência, sabedoria, esperança, etc., sem, em primeiro lugar, *amar* o objeto de todas essas virtudes, o qual volta-se, em última instância, ao objeto estrito da caridade, que é o próprio Deus. Ou seja, para que eu ame o bem do próximo e a mim mesmo, é premente que, primeiro, eu ame aquilo em função do que minhas ações são orientadas - o que é justamente o ato da caridade - e, por isso, esta é quem "produz os atos de todas as outras virtudes" (QDVi, q. 2, a. 2, ad. 14). Tira-se a caridade, as outras virtudes desmoronam.

CONCLUSÕES

Com o presente livro, procuramos demonstrar o que, para Santo Tomás de Aquino, filósofo do século XIII, seria a estrutura geral do seu sistema de psicologia. Sabemos que, embora tal terminologia ainda não fosse aplicada em seu tempo, como afirmamos na introdução a este trabalho, em nada isso poderia subtrair a realidade subjacente dos diversos elementos dessa ciência presentes em sua obra, que, aqui, intentamos pormenorizar. Para o Doutor Angélico, uma adequada psicologia é aquela que procura não reduzir o ser humano à sua esfera mais sensorial e inferior, animalizando-o, mas, ao contrário, é a que enseja a projeção dessa realidade mais reduzida a um domínio superior, cujo produto, no nosso entendimento, é a verdadeira *humanização* do ser humano.

Destarte, compreendendo o exame de diferentes elementos da psicologia tomasiana, no nosso objetivo de se fazer dela um constructo teórico sólido e palatável para o debate científico e acadêmico, nos debruçamos sobre a análise dos temas, na obra de Santo Tomás de Aquino, da alma, da sensualidade, das paixões da alma, das potências intelectivas e dos hábitos, os quais engendram virtudes ou vícios. Entendemos que, não obstante tenhamos tratado de temas e questões não facilmente reconhecidos ou assimilados pelas escolas de psicologia contemporâneas, pela própria distância temporal que desconecta o Doutor Angélico dos pensadores atuais, sua relevância e a importância desses temas meticulosamente trabalhados por Santo Tomás, a respeito da área da psicologia humana, tornam-no merecedor de grande atenção da comunidade científica.

Como afirmamos nesse trabalho, sua teoria das paixões da alma é reconhecida, por comentadores contemporâneos, como a primeira teoria sistematizadora das paixões humanas – o que viriam, na modernidade, a ser chamadas de emoções. Sua teoria inovadora a respeito da *vis cogitativa*, por exemplo, tornou possível que psicólogos modernos, como Magda Arnold, tivessem os devidos substratos teoréticos para criar importantes linhas de psicologia contemporâneas, como a cognitivo-comportamental. Além disso, não nos esqueçamos da relevância que Santo Tomás confere à realidade das *transmutações corpóreas*, processos de mutação corporal decorrentes das paixões da alma, algo que nos parece verdadeiramente atual dado o avanço, por exemplo, que a área da psiquiatria - que, por meio de intervenções químicas, trata justamente das mudanças corpóreas oriundas de enfermidades psíquicas - vem tendo na área médica e na sociedade como um todo.

A sua mais importante contribuição para a psicologia, contudo, e que, parece-nos, merece mais atenção nos dias de hoje, é aquilo que Santo Tomás de Aquino entende como sendo o ponto culminante da *práxis* da psicologia, que é a formação dos hábitos virtuosos. São as virtudes, como expressamente nos mostra o Aquinate por meio de sua obra, que manifestam o alcance da plenitude humana, esse processo verdadeiro de *humanização* do qual falávamos anteriormente, pois fundamentado naquilo que é próprio apenas do homem e de nenhum outro ser: o *conhecimento da verdade* e a capacidade, pela inclinação da vontade, em se agir com *excelência*. Isto é o que, no nosso entendimento, a partir dos escritos do Doutor Angélico, torna um indivíduo realmente normal e, portanto, *feliz*. É o que julgamos mais poder colaborar para o debate acadêmico na esfera das ciências da mente e comportamentais, e demais áreas correlatas na atualidade: o retorno à busca pelos *atos puramente humanos*.

Assim, em resumo, podemos seguramente afirmar que, para Santo Tomás, a edificação do caráter virtuoso do homem - objeto da sua psicologia e a cuja estrutura procuramos, neste trabalho, dar forma e compreensibilidade - inicia-se pelo entendimento das *paixões da alma* e perpassa o fortalecimento da *razão* e da *vontade*, as quais, em um domínio "monárquico" sobre as paixões, constroem, sob uma unidade substancial, um edifício sólido e estável caracterizado por diferentes virtudes humanas, que, por sua vez, quando insufladas pela graça da *verdade*, do *ser em ato puro*, ou, simplesmente, de *Deus*, elevam-no à sua plenitude máxima e propriamente humana. É sob esta condição que o homem é capaz de *ser o que ele é* e *atingir o que dele se espera*, sendo tudo isso calcado na pedra angular da mãe das virtudes, a que, por mover a nossa vontade diretamente até Deus, derrama-se em todas as outras – ou então, podemos assim dizer, derrama-se em *humanidade*.

E é por isso, enfim, utilizando-nos da fonte mais citada por Santo Tomás de Aquino na *Suma Teológica*, as Escrituras, que afirmamos que "a caridade jamais acabará. As profecias desaparecerão, o dom das línguas cessará, o dom da ciência findará" e que "por ora subsistem a fé, a esperança e a caridade – as três. Porém, *a maior delas é a caridade*" (1 Cor 13, 8-9-13).

REFERÊNCIAS

ABERTUNI, Carlos A. Sindérese, o *intellectus principiorum* da razão prática segundo Tomás de Aquino. Veritas, v. 56, v. 2, 2011, pp. 141-164.

___________. O conceito de sindérese na moral de Tomás de Aquino. Tese (Doutorado em Filosofia). Universidade Estadual de Campinas. Campinas, SP, 2006.

ALLERS, Rudolf. Naturaleza y Educación del Carácter. Barcelona, ES: Editorial Labor, S.A., 1957.

ANDEREGGEN, Ignacio.; SELIGMANN, Zelmira. La psicología ante la gracia. Buenos Aires, AR: Dyonisius, 1996.

ANDEREGGEN, Ignacio. Santo Tomás de Aquino, Psicólogo. Sapientia, v. 54, n. 205, 1999, pp. 59-68.

ARISTÓTELES. De Anima. São Paulo, SP: Ed. 34, 2006.

___________. Eudemian Ethics, Books I, II and VIII. Oxford, UK: Ed. Clarendon Press, 1982.

___________. Ética a Nicômaco. Jandira, SP: Ed. Principis, 2021.

___________. Metafísica. São Paulo, SP: Ed. Loyola, 2002.

___________. Política. São Paulo, SP: Ed. Martin Claret, 2007.

ASÚA, M. El *De Animalibus* de Alberto Magno y la organización del discurso sobre los animales en el siglo XIII. Patristica et Mediaevalia, v. 15, 1994, pp. 3- 26.

BERRO, Alberto. Afectividad y corporeidade: el concepto tomista de 'redundantia'. Apresentado em Semana Tomista, Intérpretes del pensamento de Santo Tomás, XXXVI, 5-9 de setembro de 2011. Sociedad Tomista Argentina; Universidad Católica Argentina. Facultad de Filosofia y Letras, Buenos Aires.

BÍBLIA SAGRADA. Bíblia Ave-Maria. São Paulo, SP: Ed. Ave Maria, 2001.

BRENNAN, Robert Edward. Thomistic Psychology – A Philosophic Analysis of the Nature of Man. Providence, RI: Cluny Media Edition, 2016.

CALDERÓN, Natalia S. G. Virtudes humanas desde la visión tomista y su aporte para la psicología. Perspectiva de Família, v. 5, 2020, pp. 95-117.

CALLEGARO, R. A Doutrina do Mal em Santo Tomás de Aquino. Filogênese, v. 3, n. 1, 2010.

DIXON, Thomas. From Passions to Emotions. Cambridge, UK: Cambridge University Press, 2003.

ECHAVARRÍA, Martin F. A Práxis da Psicologia e seus níveis epistemológicos segundo Santo Tomás de Aquino. Rio de Janeiro, RJ: Ed. CDB, 2021.

__________. El corazón: um análisis de la afectividad sensitiva y la afectividad intelectiva en la psicología de Tomás de Aquino. Espíritu, n. 151, 2016, pp. 41-72.

__________. El problema de la psicología contemporánea em su relación con la fe cristiana. Humanitas, n. 49, 2008, pp. 87-99.

__________. La Psicología Antihumanista y Posmoral de F. Nietzsche y su influencia en el Psicoanálisis in ANDEREGGEN, I.; PAVESI, E.; ECHAVARRÍA, M. Bases para uma Psicología Cristiana. Buenos Aires, AR: Ed. Educa, 2005.

__________. Persona y personalidad. De la psicología contemporánea de la personalidade a la metafisica tomista de la persona. Espíritu, n. 139, 2010, pp. 207-247.

EVANS, Rand B. William James, "The Principles of Psychology" and Experimental Psychology. The American Journal of Psychology, v. 103, n. 4, 1990, pp. 433-447.

FAUS, Francisco. A Conquista das Virtudes. São Paulo, SP: Cultor de Livros, 2021.

FREUD, Sigmund. O Futuro de uma ilusão. Rio de Janeiro, RJ: Ed. Imago, 2006.

FROMM, Erich. El Amor a la Vida. Tradução por Eduardo Prieto do original Über die Liebe zum leben. 1983.

GARDEIL, Henri-Dominique. Iniciação à filosofia de São Tomás de Aquino. São Paulo, SP. Ed. Paulus, v. 2, 2013.

JENSEN, Steven J. Living the good life, a beginner's thomistic ethics. Washington, DC: The Catholic University of America Press, 2013.

___________. Sin, a thomistic psychology. Washington, DC: The Catholic University of America Press, 2013.

KASS, Leon. Regarding the end of medicine and the pursuit of health. Public Interest, 1975, pp. 11-42.

KENNY, Anthony. Aquinas on Mind. Londres. Ed. Routledge, 1993.

LEÃO XIII. *Aeternis Patris*. Vaticano, 1879.

LEONARDI, José L. Breves considerações sobre a concepção do objeto de estudo da Psicologia para Wundt e para Brentano. Psicologia em Revista, v. 17, n. 1, 2011, pp. 1-15.

LOMBARDO, Nicolas E. The Logic of Desire, Aquinas on Emotion. Washington, DC: The Catholic University of America Press, 2011.

MARTINES, Paulo. O ato moral segundo Tomás de Aquino. Trans/Form/Ação, v. 42, 2019, pp. 249-264.

MENN, S. Aristotle and Plato on God as Nous and as the Good. The Review of Metaphysics, v. 45, n. 3, 1992, pp. 543-573.

MERCIER, Cardeal D. J. Psicologia. Buenos Aires, AR: Anaconda, 1942.

MOTA, R. O noûs aristotélico-tomista. Griot: Revista de Filosofia, v. 9, n. 1, 2014, pp. 191-209.

MOYA, Patricia. Las pasiones em Tomás de Aquino: entre lo natural y lo humano. Tópicos, n. 33, 2007, pp. 141-173.

NIETZSCHE, Friedrich. Além do Bem e do Mal. Curitiba, PR: Ed. Hemus S.A., 2001.

__________. Crepúsculo dos Ídolos. São Paulo, SP: Ed. Companhia das Letras, 2006.

PASNAU, R. Thomas Aquinas on Human Nature. Cambride, UK: Cambridge University Press, 2002.

PAYOT, Jules. A Educação da Vontade. Campinas, SP: Kírion, 2018.

PIEPER, Josef. Virtudes Fundamentais. São Paulo, SP: Cultor de Livros, 2004.

RAFAEL, Auro. J. S. O Primeiro Motor no Livro XII da *Metafísica* de Aristóteles. Revista Existência e Arte, a. 1, n. 1, 2005, pp. 1-4.

RODKEY, Elissa N. Magda Arnold and the Human Person: A Mid-Century Case Study on the Relationship Between Psychology and Religion. Tese (Doutorado em Filosofia). York University. Torono, CA, 2015.

SANTO TOMÁS DE AQUINO. Commentary on Aristotle's *Nicomachean Ethics*. Notre Dame, IN: Ed. Dumb Ox Books, 1964.

__________. O Ente e a Essência. Petrópolis, RJ: Ed. Vozes, 2021.

__________. Questões Disputadas sobre a Alma. São Paulo, SP: Ed. É Realizações, 2012.

__________. Questões Disputadas sobre a Verdade. São Paulo, SP: Ed. Edipro, 2015.

__________. Questões Disputadas sobre a Virtude. São Paulo, SP: Ed. Ecclesiae, 2013.

__________. Suma Teológica. São Paulo, SP: Ed. Ecclesiae, 2016.

SANTOS, Maria Eduarda B. C. A relação entre ato e potência na Metafísica de Aristóteles. Revista Húmus, n. 7, 2013, pp. 111-121.

SELIGMANN, Zelmira. Principios de psicología para la educación. Sapientia, v. 55, 2000, pp. 622-629.

VIDAL, Nicolás G. La pasión de la tristeza y su relación com la moralidade en Santo Tomás de Aquino. Cuadernos de Anuario Filosofico, 2008, pp. 5-109.

WHITE, Kevin. The Passions of the Soul. in POPE, Stephen, J (ed.), The Ethics of Aquinas, 2002, pp. 103-115.